SERVICE INTÉRIEUR

DES

TROUPES D'INFANTERIE.

MINISTÈRE DE LA GUERRE.

EXTRAITS

DE L'ORDONNANCE DU 2 NOVEMBRE 1833

SUR

LE SERVICE INTÉRIEUR

DES

TROUPES D'INFANTERIE,

À L'USAGE

DES SOUS-OFFICIERS,

CAPORAUX ET VOLONTAIRES D'UN AN,

COMPLÉTÉ

DE TOUTES LES DISPOSITIONS ET MODIFICATIONS

INTERVENUES JUSQU'AU 1ᵉʳ JANVIER 1874.

PARIS.

IMPRIMERIE NATIONALE.

—

1874.

EXTRAITS

DE L'ORDONNANCE DU 2 NOVEMBRE 1833

SUR

LE SERVICE INTÉRIEUR

DES

TROUPES D'INFANTERIE.

Principes généraux de la subordination.

La discipline faisant la force principale des armées, il importe que tout supérieur obtienne de ses subordonnés une obéissance entière et une soumission de tous les instants; que les ordres soient exécutés littéralement, sans hésitation ni murmure: l'autorité qui les donne en est responsable, et la réclamation n'est permise à l'inférieur que lorsqu'il a obéi.

Si l'intérêt du service veut que la discipline soit ferme, il veut en même-temps qu'elle soit paternelle; toute rigueur qui n'est pas de nécessité, toute punition qui n'est pas déterminée par le règlement, ou que ferait prononcer un sentiment autre que celui du devoir; tout acte, tout geste, tout propos outrageant d'un supérieur envers son subordonné, sont sévèrement interdits. Les membres de la hiérarchie militaire, à quelque degré qu'ils y soient placés, doivent traiter leurs inférieurs avec bonté, être pour eux des guides bienveillants, leur porter tout l'intérêt et avoir envers

eux tous les égards dus à des hommes dont la valeur
et le dévouement procurent leurs succès et préparent
leur gloire.

La subordination doit avoir lieu rigoureusement de
grade à grade; l'exacte observation des règles qui la
garantissent, en écartant l'arbitraire, doit maintenir
chacun dans ses droits comme dans ses devoirs.

Le soldat doit obéir au caporal, le caporal au capo-
ral-fourrier, au fourrier et au sergent; le caporal-four-
rier au fourrier et au sergent, le fourrier et le sergent
au sergent-major, le sergent-major à l'adjudant, l'adjudant au sous-lieutenant, le sous-lieutenant au lieutenant, le lieutenant à l'adjudant-major et au capitaine,
l'adjudant-major et le capitaine au major et au chef de
bataillon, le major et le chef de bataillon au lieutenant-colonel, le lieutenant-colonel au colonel, le
colonel au général de brigade, le général de brigade
au général de division, le général de division au général de division commandant en chef et au maréchal
de France.

Indépendamment de cette subordination au grade,
la discipline exige, à grade égal, la subordination à
l'ancienneté, en tout ce qui concerne le service général
et l'ordre public. Ainsi plusieurs militaires du même
grade, de service ensemble, qu'ils soient ou non du
même corps et de même arme, doivent obéissance au
plus ancien d'entre eux, comme s'il leur était supérieur
en grade, et, à égalité d'ancienneté de grade, la prio-
rité de rang se détermine par l'ancienneté dans le
grade immédiatement inférieur.

Même hors du service, les supérieurs ont droit à la
déférence et au respect de leurs subordonnés.

TITRE PREMIER.

FONCTIONS INHÉRENTES À CHAQUE GRADE.

CHAPITRE PREMIER.

COLONEL.

Attributions générales.

ART. 1er. Les devoirs et l'autorité du colonel s'étendent à toutes les parties du service : il est responsable de la police, de la discipline, de la tenue et de l'instruction du régiment dont le commandement lui est confié : il en dirige l'administration, assisté du conseil d'administration. Sans se livrer à tous les détails, il doit en embrasser l'ensemble : il veille à ce que les différents grades exercent réellement la part d'autorité qui leur est attribuée, afin que chacun obtienne l'influence et la considération qui lui sont indispensables, et trouve dans l'accomplissement de ses obligations et dans la jouissance de ses droits un moyen perpétuel d'instruction et d'émulation. L'autorité du colonel doit se faire sentir bien plus par une impulsion régulatrice que par une action immédiate : elle doit être le recours et l'appui de tous.

Le colonel porte une attention particulière sur l'état moral de ses subordonnés, et ne néglige rien pour les diriger dans la voie du bien. Il doit laisser aux militaires de tous les cultes le temps et la liberté nécessaires pour l'accomplissement de leurs devoirs religieux. Il règle le service de manière qu'ils puissent assister aux offices le dimanche et les jours de fête; dans la semaine, si des permissions exceptionnelles sont nécessaires à quelques-uns d'entre eux pour la pratique de leur religion, il les accorde dans des proportions aussi larges que le permettent les exigences du service.

Nominations faites par le colonel. Demandes soumises aux généraux.

4. Le colonel nomme aux grades de caporal et de sous-officier, conformément aux lois et ordonnances, et prononce l'admission des sous-officiers, caporaux et soldats à la 1re classe.

Il fait passer un sous-officier, caporal ou soldat d'une compagnie et même d'un bataillon dans un autre, lorsque le bien du service le fait juger nécessaire; il prend à cet égard l'avis du capitaine de la compagnie dont le militaire fait partie et celui du chef de bataillon.

Lorsque le colonel est absent, le lieutenant-colonel prend ses ordres pour les nominations aux grades de caporal et de sous-officier, et pour les désignations aux emplois vacants d'officier à l'égard desquels il y a lieu de faire des mémoires de proposition; il nomme à la 1re classe les sous-officiers, les caporaux et les soldats; il prononce le passage d'une compagnie dans une autre.

Les autres demandes qui doivent être soumises aux généraux, en faveur des officiers, sous-officiers et soldats, sont faites par le colonel, lorsqu'il est présent, et, en son absence, par l'officier supérieur commandant le régiment, qui en rend compte au colonel.

En campagne et hors du territoire, toutes ces nominations, propositions et demandes sont faites par l'officier supérieur qui commande le régiment. Dans un bataillon détaché hors de l'arrondissement de l'armée dont le régiment fait partie, le commandant de ce bataillon nomme aux grades de caporal et de sous-officier, ainsi qu'à la 1re classe de chaque grade, prononce le passage d'une compagnie dans une autre, et soumet au général de brigade sous les ordres duquel il est placé les demandes de congé ou de permission. Au dépôt, l'officier commandant a les mêmes droits à l'égard des fractions du régiment qui s'y trouvent. Ces officiers rendent compte au colonel.

En tout temps, lorsque le colonel est avec une partie du régiment hors de France, les nominations de sous-officiers et caporaux, ainsi que les nominations des sous-officiers, caporaux et soldats à la 1re classe, sont faites, dans la partie du régiment restée en France, par le lieutenant-colonel; s'il ne la commande pas, elles sont faites directement, mais avec l'approbation du général de brigade, par le commandant du dépôt et par les commandants des bataillons restés dans l'intérieur; il en est rendu compte au colonel.

CHAPITRE II.

LIEUTENANT-COLONEL.

Attributions générales.

10. Le lieutenant-colonel est l'intermédiaire habituel du colonel dans toutes les parties du service. Il remplace le colonel absent.

Registres tenus par le lieutenant-colonel.

12. Le lieutenant-colonel tient le registre d'ordres du régiment. Il exige que, dans chaque bataillon, le registre d'ordres de l'état-major et ceux des compagnies soient tenus avec régularité, qu'ils soient exactement communiqués aux officiers et signés par eux, et que chaque officier prenne connaissance de tout ce qui y a été inscrit depuis son absence. Chaque ordre a en marge un sommaire qui sert à former la table analytique, et un numéro d'ordre dont la série se renouvelle tous les ans au 1er janvier.

Les registres d'ordres des bataillons et des compagnies sont établis pour une année et sont conservés jusqu'à la fin de l'année suivante ; ils sont alors brûlés en présence du lieutenant-colonel, après qu'il a fait transcrire en tête des nouveaux registres les ordres généraux qu'il peut être utile de conserver. Le registre d'ordres tenu par le lieutenant-colonel est conservé aux archives du régiment.

CHAPITRE III.

CHEFS DE BATAILLON.

Surveillance générale.

18. Les chefs de bataillon sont responsables envers le colonel de l'instruction théorique et pratique des officiers, sous-officiers et soldats de leur bataillon ; ils surveillent dans leur bataillon la discipline, le service, la tenue, l'entretien des effets de toute nature, les chambres et les ordinaires.

Ordinaires.

19. Un des chefs de bataillon préside la commission des ordinaires, composée de quatre capitaines comme membres et d'un lieutenant ou sous-lieutenant faisant fonctions d'officier comptable, avec voix consultative comme secrétaire. La commission est reconstituée trois fois par an et assistée par deux sous-officiers adjoints choisis par le colonel [1].

---

[1] Il n'est pas formé de commission des ordinaires, lorsque, en dehors de l'officier commandant, il n'y a pas trois officiers pour la composer. Les achats restent confiés alors aux ordinaires.

La commission agit pour le corps entier. En principe, elle procède soit par adjudication, soit de gré à gré. Cependant, lorsqu'il doit en résulter quelque économie, elle opère à la halle, traite directement avec le producteur, achète sur facture en gros et demi-gros; enfin elle prend dans les magasins de l'État les denrées, les liquides et tous les objets dont l'administration de la guerre consent la cession à titre remboursable.

Les marchés sont rédigés à la suite d'une formule de cahier des charges que la commission modifie suivant les circonstances du moment ou les exigences locales. Les marchés sont soumis à l'approbation du colonel. Une copie des marchés et conventions est affichée dans les chambres des chefs d'ordinaire.

Le président s'assure que la commission provoque de tout son pouvoir la concurrence entre les divers fournisseurs, afin d'obtenir des denrées de la meilleure qualité et au plus bas prix possible; que le membre de la commission délégué chaque semaine par le président contrôle les réceptions et livraisons avec une rigoureuse exactitude; que toutes les prescriptions relatives aux payements et dont le règlement du 14 décembre 1861 a fixé les détails sont scrupuleusement suivies; enfin que, dans le cas où les conditions du cahier des charges ne sont pas exécutées, on n'hésite pas à recourir à l'application des clauses résolutoires qui ont dû y être insérées.

Masses individuelles. Revues.

20. Les chefs de bataillon passent chaque trimestre une revue de détail des compagnies sous leurs ordres, pour constater l'état des effets de toute nature, les réparations à faire, la situation des masses individuelles, les remplacements à effectuer au compte des hommes et l'exactitude des comptes courants.

Ils peuvent en tout temps passer dans leur bataillon toutes les revues qu'ils jugent utiles pour s'assurer que l'habillement, le grand et le petit équipement et l'armement sont en bon état, que les sous-officiers et soldats sont pourvus de tous les effets prescrits par les règlements, et qu'ils sont constamment prêts à marcher.

Au moyen des rapports journaliers que l'adjudant est chargé de leur remettre (article 195), ils vérifient fréquemment si les punitions sont portées avec exactitude sur les registres de punitions des compagnies ; ils confrontent ces registres avec les livrets d'ordinaire ; ils surveillent aussi la tenue des livres d'ordres.

SERVICE DE SEMAINE.

Dispositions générales.

22. Le service de semaine commence, pour tous les grades, le dimanche après la garde montante, et finit le dimanche suivant.

La direction de ce service appartient au chef de bataillon de semaine.

Dès que les bataillons sont sous les armes, les officiers, les sous-officiers et les caporaux de semaine rentrent dans les fonctions habituelles de leur grade.

Garde montante; piquets.

23. Le chef de bataillon de semaine se trouve à la garde montante; il en passe l'inspection avant que les postes soient formés; il la fait manœuvrer lorsque le colonel l'a ordonné, et la fait défiler au commandement du capitaine de garde, s'il y en a un plus ancien que l'adjudant-major, et à celui de l'adjudant-major, s'il n'y a pas de capitaine plus ancien que lui.

Le chef de bataillon de semaine inspecte le piquet toutes les fois qu'il le juge nécessaire.

Appels.

24. Il assiste fréquemment aux appels; après celui du soir, il ordonne des contre-appels, quand il le croit utile.

Visite des chambres.

25. Il visite souvent les chambres, particulièrement aux heures des repas, et rend les officiers de section responsables de leur bonne tenue. Il visite également les cuisines, l'infirmerie et les salles de discipline.

CHAPITRE IV.

MAJOR.

Distributions d'effets et d'armes.

28. Les bons des capitaines pour les effets d'habillement, de grand équipement et d'armement sont soumis à l'approbation du major; les bons au compte de la masse individuelle sont soumis seulement à son visa.

Subsistances.

29. Le major vise les états d'effectif servant à la perception des subsistances et du chauffage.

Vérifications relatives à l'administration et à la comptabilité.

30. Il a le droit de faire, sans attendre les époques fixées par les règlements d'administration, toutes les vérifications qu'il croit utiles concernant les fonds, les registres, les magasins du corps, la tenue des livres de compagnie et leur identité avec les livrets des hommes. Cette vérification est de rigueur à la fin de chaque trimestre.

CHAPITRE V.

ADJUDANTS-MAJORS.

Attributions.

37. Les adjudants-majors sont chargés des détails de la police générale et du service commun à toutes les compagnies, ainsi que de l'instruction théorique et pratique des sous-officiers et caporaux de leur bataillon; ils restent étrangers à la police intérieure et à l'administration des compagnies.

SERVICE DE SEMAINE.

Devoirs généraux.

40. Les appels, le service, le rassemblement de la garde et des détachements, la réunion des classes d'instruction et de théorie, la surveillance de la garde de police, des prisons et de l'infirmerie, la propreté dans les cours ainsi qu'à l'extérieur et la sûreté du quartier, de jour et de nuit, concernent l'adjudant-major de semaine directement.

40 *bis*. Il fait faire les appels.

Pour l'appel de 11 heures, les compagnies s'assemblent aux trois roulements, les hommes de garde et de piquet en armes à la droite de leurs rangs respectifs; les compagnies étant alignées et les rangs ouverts, l'adjudant-major fait donner un coup de baguette pour que l'appel commence à la fois dans toutes les compagnies. L'appel terminé, il est rendu à l'adjudant-major par les officiers de semaine réunis autour de lui, au signal d'un autre coup de baguette.

L'appel se rend verbalement, s'il ne manque personne, et par écrit, s'il manque quelqu'un. Lorsque les inspections sont passées et que l'ordre a été lu dans chaque compagnie, l'adjudant-major fait battre la berloque, et les officiers font rompre les rangs.

L'appel du soir se fait dans les chambres ; chaque officier de semaine, accompagné du sergent-major, le rend par écrit à l'adjudant-major, dans la salle du rapport. L'adjudant-major signe le billet général et le fait porter chez le colonel par un sergent de semaine ; il en fait faire un double pour le commandant de la place, et le lui envoie cacheté.

A l'appel du soir, il commande à tour de rôle les officiers de semaine qui sont nécessaires pour les distributions du lendemain.

Après l'appel du soir, il fait faire des contre-appels, s'il le croit utile.

Garde montante et ordre ; parade.

41. L'adjudant-major de semaine fait rassembler la garde montante et le piquet, s'il y en a un ; après que le chef de bataillon les a inspectés, il fait former les postes, en réunissant autant que possible les hommes d'une même compagnie dans les mêmes postes ; il veille à ce que dans chaque poste les soldats soient placés par rang de taille.

L'adjudant-major veille à ce que l'adjudant de semaine dicte aux fourriers les ordres qui doivent être transcrits sur les registres.

Détachements ; piquet ; classes d'instruction et de théorie.

42. Il réunit, secondé par l'adjudant de semaine, les détachements qui sont formés d'hommes de différentes compagnies ; il passe l'inspection des détachements qui ne sont pas commandés par des officiers, et, en l'absence du chef de bataillon, de ceux qui sont

commandés par des lieutenants ou des sous-lieutenants.

Il a la surveillance du piquet, lorsqu'il n'est pas commandé par un capitaine ; il en fait faire fréquemment l'appel.

Il s'assure que les classes d'instruction sont réunies aux heures prescrites.

Réunion du corps.

42 *bis*. Chaque fois que le régiment s'assemble, l'adjudant-major de semaine prend les ordres de l'officier supérieur de semaine pour la réunion des bataillons, et, s'il y a lieu, pour former les pelotons et envoyer chercher le drapeau.

Quand le rassemblement a lieu pour aller au bain ou à une corvée générale, l'adjudant-major de semaine, après avoir réuni le régiment ou le bataillon, en remet le commandement au capitaine de semaine, à moins qu'il n'y ait un officier supérieur.

Inspection des postes du quartier.

43. Il inspecte, aussi souvent qu'il le juge nécessaire, la garde de police, ainsi que les autres postes qui auraient été placés extraordinairement au quartier ; il les dirige et les fait surveiller par l'adjudant dans les détails de leur service.

Toutes les cantines établies dans la caserne sont sous la surveillance de l'adjudant-major de semaine ; il les fait fermer lorsque la tranquillité du quartier et le maintien de l'ordre le rendent nécessaire.

Propreté du quartier.

43 *bis*. L'adjudant-major de semaine surveille la propreté des corridors et escaliers, des cours et de l'extérieur du quartier.

Le samedi, il s'assure de l'exécution de tous les ordres relatifs à la propreté.

Visite de l'infirmerie.

43 *ter*. Il visite tous les jours l'infirmerie, pour s'assurer qu'elle est bien tenue ; il y va souvent aux heures des repas ; il reçoit les réclamations des hommes qui s'y trouvent ; il y fait droit, s'il y a lieu, ou les fait parvenir à l'autorité compétente.

Détenus et consignés.

44. Il s'assure que les détenus aux cellules de correction, à la prison, à la salle de police et les consignés sont exercés aux heures prescrites. Il visite tous les jours les salles de discipline ; lorsqu'il reçoit des réclamations, il y fait droit, s'il y a lieu, ou les fait parvenir à l'autorité compétente. Il charge l'adjudant de veiller à ce que les détenus reçoivent exactement leur nourriture ; si parmi eux il en est qui troublent l'ordre, il prend à leur égard les mesures nécessaires.

CHAPITRE VI.

TRÉSORIER.

Mutations.

47. Tous les jours il reçoit du fourrier de semaine de chaque bataillon, avec les pièces à l'appui des mutations, les rapports des compagnies, visés par le major.

Il enregistre et signe les billets d'hôpital ; il enregistre aussi les permissions et les congés.

Prêt et subsistances.

48. Tous les cinq jours, il remet le prêt à chaque

commandant de compagnie, sur une feuille signée par lui, et dont il vérifie l'exactitude [1].

Il veille à ce qu'une expédition du bordereau des sommes dues aux fournisseurs lui soit remise par le secrétaire de la commission des ordinaires. Les fournisseurs sont payés en présence de ce dernier, soit par le trésorier, soit par l'officier payeur, et ils donnent acquit au bas d'une facture détaillée.

Le trésorier établit, signe et enregistre les bons de subsistances et de chauffage.

CHAPITRE VII.

OFFICIER D'HABILLEMENT.

Distribution et marques des effets

51. Il ne distribue ni armes ni effets que sur un bon nominatif du capitaine, visé par le major.

Les effets d'habillement, de grand équipement et d'armement sont, avant d'être distribués aux compagnies, empreints par ses soins des marques prescrites par les règlements, sauf celle du numéro matricule de l'homme, qui est appliquée dans les compagnies par les soins des capitaines.

Réparations.

52. Les réparations sont faites sur des bons signés par le capitaine, qui spécifie au compte de quelle masse elles doivent être imputées. Un sergent ou un caporal,

---

[1] Le montant de la feuille de prêt peut être payé entre les mains du sergent-major, sur la présentation de cette feuille revêtue de l'acquit du capitaine, mais ce dernier reste entièrement responsable des sommes payées sur ses quittances.

(Ordonnance du 10 mai 1844, art. 157.)

porteur du bon, accompagne au magasin d'habillement le soldat, muni de l'effet à réparer. L'officier
d'habillement vise le bon, après avoir reconnu que
la réparation est exprimée comme elle doit l'être, et
réellement imputable sur la masse désignée ; s'il y a
contestation, le différend est jugé par le major, et,
au besoin, par le conseil d'administration.

L'officier d'habillement, avant de rendre les effets,
s'assure que la réparation a été bien faite.

CHAPITRE VIII.

PORTE-DRAPEAU.

55. Lorsque dans une compagnie il n'y a qu'un
officier présent, le porte-drapeau peut y être attaché ;
il y fait le service de semaine.

Il est habituellement chargé du casernement et du
blanchissage.

CHAPITRE IX.

MÉDECIN-MAJOR ET MÉDECINS AIDES-MAJORS.

Visite journalière au quartier.

56. Tous les matins, avant le rapport, le médecin-
major fait sa visite au quartier, après avoir pris au
corps de garde les billets que les sergents-majors y ont
déposés pour lui indiquer les hommes qui réclament
ses soins et ceux qui sont rentrés la veille des hôpitaux. Dans sa tournée, il observe ce qui intéresse la
salubrité des chambres.

Quand il y a des malades à la salle de police, en
prison ou à la cellule de correction, il en est prévenu
par le sergent de garde ; il envoie à l'hôpital ceux dont
l'état l'exige.

Il passe fréquemment dans les cuisines pour examiner la qualité des aliments et la propreté des ustensiles.

Infirmerie.

57. Le médecin-major est tenu de traiter au régiment les maladies légères, les maladies vénériennes et cutanées simples.

Un caporal, compris à cet effet dans la compagnie hors rang, est attaché à l'infirmerie, et y fait exécuter les ordres qu'il reçoit des médecins.

Exemptions de service.

58. Aucun homme n'est exempt de service pour cause de maladie ou d'accident que sur un certificat d'un des médecins. Ce certificat n'est donné qu'après un examen scrupuleux, et jamais pour plus de quatre jours, sauf à le renouveler.

Visite générale tous les mois. Visite des recrues, semestriers et congédiés.

61. Tous les mois au moins, il fait, en présence des officiers de semaine, une visite individuelle des caporaux et soldats pour reconnaître les maladies vénériennes et cutanées [1]; il prend à cet effet les ordres du lieutenant-colonel. Il examine plus fréquemment les recrues.

---

[1] Tout sous-officier, caporal ou soldat reconnu atteint d'une affection vénérienne ou cutanée dont la gravité révélerait que l'apparition des symptômes primitifs remonte à plus de quatre jours, sans que le malade ait pu s'y méprendre, sera traité à la salle des consignés, si son état le permet, il sera en outre puni à sa sortie de l'hôpital, *d'un mois de consigne,* pour ne pas s'être présenté dès le début de sa maladie à la visite du médecin du corps, et pour s'être rendu à charge à ses camarades par un long séjour aux hôpitaux.

Les hommes rentrant d'un hôpital externe, de congé ou de permission, sont, le jour même de leur arrivée, visités par un des médecins, qui envoie aussitôt à l'infirmerie ceux qu'il trouve atteints de maladies cutanées.

Il établit les certificats de visite pour les hommes proposés pour la réforme, la retraite ou un congé d'un an, ainsi que pour les malades présents au corps qui ont besoin d'un congé de convalescence.

Il visite les semestriers et les hommes qui quittent le corps par congé, réforme ou retraite, afin que ceux qui seraient atteints de maladies vénériennes ou cutanées soient traités avant leur départ. Les semestriers atteints de maladies vénériennes sont privés de leurs congés.

Soins gratuits.

63. Il doit gratuitement ses soins à tous les individus du régiment. Les sous-officiers et les maîtres ouvriers, lorsqu'ils sont traités hors de l'infirmerie, sont tenus de se fournir de médicaments.

CHAPITRE X.

CAPITAINE.

Devoirs généraux.

66. Les premiers soins du capitaine doivent être d'inspirer aux militaires de sa compagnie du zèle et de l'amour pour le service ; de leur rendre facile la pratique de leurs devoirs par ses conseils, par l'usage équitable de son autorité et par une constante sollicitude pour leur bien-être. Il est l'intermédiaire indispensable de leurs demandes.

Responsabilité.

67. Le capitaine est responsable de l'instruction, de

la police, de la discipline et de la tenue de sa compagnie. Il est également responsable de sa bonne administration.

La masse individuelle des hommes doit être l'objet de sa sollicitude continuelle. Il visite lui-même fréquemment le sac et le livret du soldat. Il assiste aux distributions d'effets d'habillement, d'équipement et d'armement faites à sa compagnie. En cas d'empêchement, il est remplacé par un officier de sa compagnie.

Formation de la compagnie.

68. Chaque compagnie est partagée, pour les détails et le service journalier et intérieur, en sections, demi-sections et escouades.

La compagnie étant formée par rang de taille, ainsi qu'il est prescrit par l'ordonnance sur les manœuvres, est partagée en deux sections, chaque section en deux demi-sections, chaque demi-section en deux escouades. Le contrôle de la compagnie est établi dans cet ordre; il sert à la formation des chambrées, à celle des ordinaires lorsqu'il y en a plusieurs, aux appels et à tous les rassemblements de la compagnie, afin que les sections soient composées des mêmes hommes, et que les officiers et les sous-officiers aient les mêmes subordonnés à commander dans toutes les situations. Le même contrôle sert à commander toute espèce de service; les hommes à marcher sont désignés alternativement par la tête et par la queue du contrôle.

Cette formation et ce contrôle sont renouvelés lorsqu'une libération, l'arrivée des recrues, ou de nombreuses mutations le rendent nécessaire. Les sergents et les caporaux nommés dans l'intervalle prennent les demi-sections et les escouades de ceux qu'ils remplacent, sans égard à l'ancienneté.

Prêt.

69. Le capitaine signe la feuille de prêt, après l'avoir

vérifiée et après avoir pris note de la somme à recevoir chez le trésorier.

A l'heure indiquée, il touche lui-même ou fait toucher par le sergent-major le montant du prêt.

Le prêt se divise en deux parties : la première est destinée aux dépenses de l'*ordinaire* ; la seconde est payée, comme *centimes de poche*, aux hommes qui vivent à l'ordinaire.

Le livret d'ordinaire est arrêté tous les cinq jours (ou fin de mois). A l'issue de chaque période, et après vérification contradictoire, le capitaine fait remettre à l'heure prescrite, par le sergent-major, à l'officier secrétaire de la commission, la note indicative de la somme dont l'ordinaire est débiteur.

Chaque caporal ou soldat doit verser a l'ordinaire 18 centimes par jour, avec les vivres de campagne, 41 centimes avec le pain en garnison, et 51 centimes avec le pain en marche. Lorsque dans quelques localités le prix des comestibles sort des proportions communes, le colonel peut, avec l'approbation du général de brigade, faire verser temporairement à l'ordinaire une plus forte partie du prêt ; dans aucun cas le soldat ne peut recevoir moins de cinq centimes de poche [1].

Le capitaine ne remet au sergent-major, et celui-ci ne paye que le premier jour du prêt suivant, la solde des sous-officiers, celle des hommes qui ne vivent pas à l'ordinaire, celle des enfants de troupe, les centimes de poche et les hautes payes.

Il veille à ce qu'il ne soit fait sur l'argent de poche d'autre retenue que celle qui est prescrite pour les hommes punis de la prison ou de la cellule de correction.

---

[1] Dans le cas où il n'y a pas de commission des ordinaires, le capitaine charge le sergent-major de donner chaque jour au caporal d'ordinaire l'argent nécessaire pour les dépenses du lendemain.

Les centimes de poche des hommes irrégulièrement absents le dernier jour du prêt sont versés à l'ordinaire.

Les hommes qui s'absentent avec permission sont payés des centimes de poche et des hautes payes jusqu'au jour de leur départ exclusivement.

Ordinaire.

70. En temps de paix, lorsque la compagnie est réunie dans le même quartier, elle ne forme qu'un ordinaire. Le capitaine désigne alternativement, pour le service des ordinaires, les caporaux les plus aptes à cette fonction.

Il s'assure fréquemment par lui-même que les comestibles sont de bonne qualité et en quantité suffisante [1].

Hommes allant aux hôpitaux, en congé; effets des hommes décédés.

71. Le capitaine signe les billets d'hôpital; il arrête le compte des hommes qui s'absentent pour un motif quelconque, et signe leur livret; ces hommes doivent l'emporter avec eux.

Il fait faire l'inventaire des effets des sous-officiers et soldats décédés, et en remet un double au major.

Tous les hommes rentrant après une absence sont présentés au capitaine le lendemain par l'officier de section, ou, à son défaut, par le sergent; ils doivent être munis de leur livret.

---

[1] Dans le cas où il n'est pas formé de commission des ordinaires, le capitaine s'assure fréquemment que les fournisseurs sont régulièrement payés et qu'ils inscrivent chaque jour leur quittance dans la colonne du livret d'ordinaire destinée à recevoir l'émargement des fournisseurs. Il veille à ce que le prêt soit employé à sa destination, et il empêche par tous les moyens qui sont en son pouvoir l'introduction d'aucun abus dans la gestion des ordinaires.

Comptabilité.

72. Le sergent-major et le fourrier sont les agents du capitaine pour tout ce qui concerne l'administration et la comptabilité. Le capitaine vérifie souvent les registres de la compagnie. Chaque trimestre, en faisant le décompte, il compare le livre de compagnie avec les livrets des sous-officiers et soldats. Il fait arrêter les comptes, et les signe sur le livre de compagnie et sur les livrets. Les hommes présents signent le règlement de leur compte sur le livre de compagnie; l'officier de section signe pour ceux d'entre eux qui ne peuvent remplir cette formalité et pour les absents. Si après le règlement du compte il y a lieu de le rectifier, ce compte est arrêté de nouveau en toutes lettres et signé par le capitaine.

Le capitaine veille à ce que les hommes conservent constamment leurs livrets, et qu'il n'y soit fait d'inscription qu'en leur présence.

Quand le sergent-major est remplacé, le capitaine vérifie et arrête ses comptes. Il ne peut rendre responsable le successeur qu'autant que celui-ci a assisté à cette vérification ou l'a faite lui-même.

Administration de la masse individuelle.

73. Les capitaines sont chargés, sous la direction spéciale du major, de pourvoir les sous-officiers et soldats des effets au compte de la masse individuelle; ils sont tenus de se conformer aux échantillons adoptés; ils doivent connaître les prix de confection, le prix, l'espèce et la qualité des matières qui entrent dans la confection.

Le capitaine fait passer tous les mois, par les officiers de section, une revue générale des effets; ces officiers lui proposent les remplacements et les réparations, et s'assurent que les livrets sont à jour. Le capitaine ordonne de semblables revues toutes les fois qu'il le juge nécessaire. Il en passe une lui-même avant la fin de chaque trimestre.

Réparations d'effets.

74. Le capitaine met la plus sévère impartialité à imputer, soit à la charge du soldat, soit au compte des abonnements, suivant le cas, les réparations d'effets.

Services payés.

75. Il désigne, sur la proposition des officiers de section, les hommes qui ont besoin de faire des services payés pour améliorer leurs masses; il ne permet pas qu'un homme fasse seul un service payé, à moins qu'il n'ait deux nuits de repos entre chaque garde; s'il ne peut pas les avoir, le capitaine fait partager ce service entre deux hommes.

Perruquiers.

76. Le soldat chargé de la coupe des cheveux des sous-officiers, des caporaux et des soldats ne reçoit pour cet objet aucune rétribution, mais il est exempté de service; le capitaine lui fait payer tous les mois, sur les fonds de l'ordinaire, 10 centimes pour chaque homme qu'il rase; il fait également remettre sur l'ordinaire 10 centimes par mois à chaque homme qui se rase lui-même.

Le perruquier se trouve à tous les rassemblements de la compagnie.

SERVICE DE SEMAINE.

DISTRIBUTIONS.

Rassemblement et conduite des corvées.

86. Aux heures indiquées pour les distributions, le tambour de service bat la berloque; les fourriers et les

caporaux de semaine, en tenue du jour, réunissent les hommes de corvée, qui sont en veste et en képi ; le capitaine, aidé de l'adjudant, les rassemble par espèce de corvée et répartit les officiers. Les diverses corvées se mettent en marche ; le capitaine conduit celle du pain ; les officiers et les sous-officiers marchent sur le flanc de la troupe et maintiennent l'ordre.

L'officier chargé de la distribution entre au magasin pour examiner les denrées ; les fourriers restent en dehors pour le bon ordre, pendant que les compagnies attendent leur tour. Les compagnies sont servies d'après leur rang dans l'ordre de bataille, en commençant alternativement par la droite et par la gauche du régiment.

Examen et distribution des denrées.

87. Si le fourrier ne peut assister à toutes les distributions, il va à celle du pain ; il est suppléé pour les autres par le caporal de semaine.

Le fourrier compte toutes les rations avec le préposé en présence de l'officier, et demeure responsable de toute erreur.

Dès qu'une compagnie est servie, ses hommes de corvée sont reconduits en ordre au quartier ; si le magasin est éloigné, les corvées de chaque bataillon sont réunies sous le commandement d'un officier.

CHAPITRE XI.

LIEUTENANT ET SOUS-LIEUTENANT.

Fonctions.

88. Le lieutenant et le sous-lieutenant sont employés par le capitaine à tous les détails de service, de police et d'administration de la compagnie.

Leurs fonctions sont de deux sortes : celles d'officier de section et celles d'officier de semaine.

Ordinaire.

89. Le lieutenant a la surveillance de l'ordinaire lorsque la compagnie n'en forme qu'un seul; en l'absence du lieutenant, ou lorsqu'il commande la compagnie, cette surveillance est exercée par le sous-lieutenant. Lorsque la compagnie forme plusieurs ordinaires, chaque officier surveille les ordinaires de sa section.

L'officier chargé de la surveillance de l'ordinaire s'assure que l'inscription du prêt et des divers produits qui augmentent la recette est faite régulièrement sur le livret d'ordinaire.

Il exige que les dépenses qui ne sont pas directement réglées par les soins de la commission des ordinaires soient payées tous les cinq jours et que les parties prenantes donnent quittance en apposant leurs signatures dans la colonne réservée à cet effet dans le livret d'ordinaire. Il vérifie et arrête ce livret à la fin de chaque prêt et signe le compte de l'ordinaire. Il fait porter au nouveau prêt l'excédant de la recette ou de la dépense. On ne fait pas de décompte de l'excédant de recette, qui est destiné aux dépenses imprévues et à l'amélioration de l'ordinaire [1].

Le jour du prêt, avant l'appel de 11 heures, il fait payer en sa présence par le sergent-major aux chefs

---

[1] Dans le cas où il n'est pas formé de commission des ordinaires, la direction en est confiée au lieutenant ou au sous-lieutenant dans les cas spécifiés au n° 89. Cet officier s'assure que la recette, à l'exception des centimes de poche, est employée uniquement à la nourriture et aux dépenses de propreté. Il exige que les fournisseurs soient payés tous les jours et qu'ils émargent journellement dans la colonne *ad hoc* du livret d'ordinaire.

d'escouade, et par ceux-ci aux soldats, les centimes de poche du prêt échu.

OFFICIER DE SECTION.

Maintien de l'ordre dans la section.

91. L'officier de section maintient un ordre invariable dans sa section; il y excite l'émulation; il dirige et surveille les sergents et les caporaux sous ses ordres; il étouffe avec soin tout germe de rixe, entretient l'union et le goût du service, et prend toujours pour règle l'impartialité et la justice.

Livret à tenir.

92. L'officier de section reçoit du sergent-major tous les renseignements relatifs à l'administration. Il tient pour sa section un livret contenant : le contrôle par demi-section et escouade, le contrôle par rang de taille, le contrôle des demi-signalements et le contrôle de la situation de la masse individuelle. Il inscrit sommairement sur ce livret les mutations qui surviennent.

Conservation des effets.

93. Il visite tous les jours sa section; il est chargé de veiller à ce que tous les effets d'habillement, de grand et de petit équipement et d'armement soient tenus constamment en bon état; il ne néglige aucun moyen d'en assurer la propreté et la conservation.

Il se fait rendre compte des effets qui sont perdus ou dégradés, surtout au retour des exercices; il recherche les causes des pertes ou dégradations, et en fait le rapport au capitaine. Souvent et à l'improviste il fait la visite des effets d'un homme qu'il soupçonne d'inconduite.

Revue mensuelle.

94. Vers la fin de chaque mois, au jour prescrit par le capitaine, il passe une revue de tous les effets des hommes de sa section; il vérifie si les livres sont à jour et tenus avec exactitude; il remet au capitaine l'état des réparations qu'il a jugées nécessaires à l'habillement, à la coiffure et au grand équipement, ainsi que l'état des remplacements à faire au compte de la masse individuelle.

Lorsqu'un homme rentre après une absence qui a duré huit jours ou plus, l'officier de section passe la revue de ses effets.

Détails de tenue et de propreté.

95. Il veille à la propreté personnelle des soldats; il surveille avec un soin particulier l'entretien des armes et la conservation de l'équipement.

Le samedi, avant la soupe du soir, il s'assure que les soldats ont mis leurs effets dans le plus grand état de propreté; il consigne au quartier jusqu'à l'appel ceux qui auraient négligé ce devoir.

Le dimanche, il se rend de bonne heure dans les chambres, et s'assure que tout est disposé pour l'inspection du capitaine.

Instruction des recrues dans les chambres.

96. Il tient la main à ce que les hommes de recrue soient instruits, par les sergents et les caporaux, de tous les détails du service, de la discipline, de la tenue, de l'entretien et de l'arrangement des effets de toute nature; il les interroge souvent pour s'assurer si cette disposition a lieu.

Le premier samedi de chaque mois il fait faire en sa présence la lecture du Code pénal militaire, et surtout des dispositions relatives à la désertion; il la fait faire aux recrues aussitôt après leur arrivée.

Cas d'absence.

97. Lorsqu'un officier de section est absent, l'officier restant à la compagnie a la surveillance des deux sections; l'officier qui s'absente lui remet, à son départ, le livret de sa section.

SERVICE DE SEMAINE.

Répartition de ce service; son objet.

98. Le lieutenant et le sous-lieutenant alternent pour le service de semaine, lors même que l'un d'eux commande la compagnie.

Les fonctions de l'officier de semaine sont d'assurer l'accomplissement des devoirs des sergents et des caporaux de semaine; de surveiller la tenue des chambres et l'arrangement des effets; de se faire rendre compte, par le sergent-major et le sergent de semaine, des mutations, des permissions, des distributions, et de s'assurer si les punitions sont infligées avec justice.

Un officier de semaine, commandé pour un service de place, est remplacé dans le service de semaine par l'autre officier de la compagnie, et, à défaut de celui-ci, par le sergent-major.

Appels; hommes de service; lecture de l'ordre.

99. L'officier de semaine se trouve aux appels; le sergent-major et le sergent de semaine l'informent de tout ce qui s'est passé depuis l'appel précédent, et spécialement de la rentrée des hommes qui manquaient.

A l'appel de 11 heures, les hommes de service sont en armes et à la droite de leurs rangs; la compagnie étant alignée, l'officier fait ouvrir les rangs; au premier coup de baguette, il fait commencer l'appel; il le rend à l'adjudant-major de semaine après le second coup de baguette.

Il passe ensuite l'inspection de la compagnie, et particulièrement des hommes de service; il corrige leur position. Le sergent de semaine est responsable envers lui de leur bonne tenue.

L'officier de semaine fait, s'il y a lieu, donner lecture de l'ordre à la compagnie formée en cercle; il ajoute les explications qu'il juge nécessaires.

Après avoir reçu du sergent-major le nom des sous-officiers et soldats pour lesquels il est arrivé de l'argent ou des lettres chargées, il s'assure que la distribution leur en est faite sans retard; le sergent de semaine est tenu de lui rendre compte à cet égard.

A la berloque, il ordonne au sergent-major de faire rompre les rangs.

Garde montante.

100. Au rassemblement de la garde, il fait réunir les hommes de service par le sergent de semaine; il les présente à l'inspection du chef de bataillon ou de l'adjudant-major.

Il assiste à la garde montante; il ne se retire qu'après que le cercle est rompu et que le sergent-major lui a communiqué l'ordre.

Visite des chambres.

101. Il passe chaque jour dans les chambres, et de préférence aux heures des repas; il s'assure qu'elles sont tenues avec propreté, et que les effets sont placés selon l'ordre prescrit; il accompagne le chef de bataillon de semaine lorsque celui-ci visite les chambres de la compagnie.

L'officier de semaine veille à la propreté des corridors et des escaliers de la compagnie.

Rapport au capitaine.

102. Dans un cas extraordinaire, il va sur-le-champ faire son rapport au capitaine; s'il ne peut y aller lui-même, il y envoie le sergent de semaine.

Appel du soir.

103. A l'heure de l'appel du soir, il passe dans les chambres, accompagné du sergent-major; il fait faire l'appel par le caporal de chambrée.

Rassemblement d'une partie ou de la totalité de la compagnie.

104. L'officier de semaine se trouve à tous les rassemblements de vingt hommes et au delà; il en passe l'inspection. Il inspecte également tous les hommes commandés pour un détachement.

Lorsque la compagnie prend les armes, il préside à sa formation et en passe l'inspection; à l'arrivée du capitaine, il lui rend compte du nombre d'hommes présents.

Détails de propreté le samedi.

105. Le samedi il s'assure que les couvertures et matelas sont battus, et que les chambres, les corridors et les escaliers sont nettoyés à fond.

CHAPITRE XIII.

ADJUDANTS.

Fonctions.

108. Les adjudants ont autorité et inspection immédiate sur les sous-officiers et caporaux, pour tout ce qui a rapport au service et à la discipline. Ils observent

le caractère et surveillent la tenue, la conduite privée et les progrès des sous-officiers. Ils sont sous les ordres immédiats des adjudants-majors, à qui ils doivent des rapports sur tout ce qui est relatif au service et au bon ordre.

Ils sont chargés de l'instruction théorique et pratique des caporaux, sous la surveillance des adjudants-majors.

Étrangers entrant au quartier.

109. Les étrangers qui se présentent pour entrer au quartier sont conduits par les soins du sergent de garde à l'un des adjudants. Les adjudants n'autorisent l'entrée que de ceux qui y ont affaire, et ils les font respecter. Ils veillent avec un soin particulier à ce qu'il ne s'y introduise ni gens sans aveu ni femmes de mauvaise vie.

Répartition du service entre les adjudants.

110. Les adjudants alternent pour le service de semaine. Ceux qui ne sont pas de semaine sont chargés par l'adjudant-major, lorsqu'il le juge nécessaire, de seconder l'adjudant de semaine dans le service journalier. Ils informent le chef de leur bataillon des décisions prises au rapport par le colonel, ainsi que des ordres donnés extraordinairement dans la journée. Les ordres qui concernent le major lui sont transmis par l'adjudant de semaine.

Dans une place, l'adjudant sortant de semaine est en outre chargé d'aller tous les matins à l'état-major, muni du livre d'ordres et du rapport; après avoir inscrit l'ordre de la place et tous les détails relatifs au service, il se rend chez le colonel, qui lui donne ses instructions particulières, et ensuite chez l'adjudant-major de semaine, qui en assure l'exécution. Il communique ces ordres au lieutenant-colonel avant la garde montante.

Cas d'absence.

112. Un adjudant absent est remplacé par un sergent-major du bataillon, désigné par le colonel, sur la proposition du chef de bataillon et-l'avis du lieutenant-colonel.

SERVICE DE SEMAINE.

Devoirs généraux.

113. L'adjudant de semaine est sous les ordres directs de l'adjudant-major et du capitaine de semaine. Il leur rend compte, en ce qui concerne chacun d'eux, de l'exécution des ordres donnés, et informe l'adjudant-major de tout ce qui se passe au quartier en son absence. Dans les circonstances imprévues, il peut, lorsqu'ils ne sont pas au quartier, faire directement son rapport au chef de bataillon de semaine, au lieutenant-colonel et même au colonel.

En prenant le service, il reçoit de l'adjudant qu'il relève le contrôle des sous-officiers et caporaux pour commander le service, et l'état des sous-officiers et caporaux qui entrent en semaine avec lui. Il affiche dans la salle du rapport la liste des officiers, sous-officiers et caporaux de semaine.

Il surveille spécialement le service des sergents et caporaux de semaine et de planton au quartier, la garde de police, le tambour de garde et le piquet, lorsqu'il est commandé par un sous-officier.

Il se trouve aux appels, au rassemblement de la garde, au départ des détachements et aux réunions de la totalité ou d'une partie du régiment.

Il est tenu de visiter au moins une fois par jour les infirmeries régimentaires et les salles de convalescents, afin d'y assurer le maintien de la discipline ainsi que l'exécution des prescriptions et des ordres donnés par les officiers de santé.

3.

Batteries ou sonneries.

114. Il est responsable de la ponctualité des batteries ou sonneries, lors même qu'il se fait suppléer à cet égard par le sergent de garde.

Les batteries ou sonneries pour le service journalier sont habituellement fixées aux heures suivantes :

Le réveil,
- à 5 heures pendant les mois de mai, juin, juillet et août;
- à 6 heures pendant les mois de mars, avril, septembre et octobre;
- à 7 heures pendant les mois de novembre, décembre, janvier et février;

La corvée de propreté, une demi-heure après le réveil;

La soupe du matin, à 9 heures;

L'inspection des sergents de semaine, à 10 heures et demie;

L'appel, à 11 heures;

Le rassemblement de la garde, de suite après l'appel;

La soupe du soir,
- à 5 heures, depuis le 1ᵉʳ mars jusqu'au 1ᵉʳ novembre;
- à 4 heures pendant les quatre autres mois;

Le rassemblement des tambours et clairons, un quart d'heure avant la retraite;

La retraite, à l'heure ordonnée par le commandant de place;

L'appel, une demi-heure après la retraite;

L'extinction des lumières, à 10 heures.

Les heures des rassemblements pour l'instruction pratique et théorique sont fixées par le tableau du service journalier.

Quand le climat, le service ou l'instruction exigent des changements dans les heures des batteries ou sonneries, ces changements sont ordonnés par le colonel.

Ordres.

115. Après la soupe du matin, l'adjudant de semaine dicte l'ordre aux fourriers ; il veille à ce qu'ils l'écrivent avec régularité. Il leur fait en même temps connaître le service que leurs compagnies ont à fournir pour le lendemain.

Il communique au chef de bataillon de semaine, lorsqu'il vient au quartier, les ordres donnés par le commandant de la place.

Garde montante et parade.

116. Après l'appel de 11 heures, l'adjudant de semaine fait rappeler pour la réunion de la garde. Lorsque le chef de bataillon de semaine a passé l'inspection des hommes de service réunis par compagnie, l'adjudant forme les postes. Il a soin que dans chaque poste les hommes soient placés par rang de taille, et pris, autant que possible, dans la même compagnie, à l'exception de la garde de police, qui est formée d'hommes de toutes les compagnies ; il place les ordonnances et plantons à la gauche. La garde étant formée, il en prévient l'adjudant-major.

Il réunit alors le peloton des sous-officiers d'ordre composé des sergents-majors au premier rang, des sergents de semaine au second rang et des caporaux de semaine au troisième ; il les place en face de la garde et en passe l'inspection. Les sous-officiers d'ordre sont dans la même tenue que la garde, mais n'ont pas le sac au dos. L'adjudant passe de même fréquemment l'inspection des tambours et clairons. La garde ayant défilé, il prend les ordres de l'adjudant-major pour faire former le cercle, et commande le service des sous-officiers et soldats pour le lendemain, s'il n'a pas été commandé avant l'appel.

S'il y a parade pour la garnison et qu'il n'y ait pas d'officier de service, l'adjudant conduit la garde du régiment sur la place d'armes; dans ce cas, le plus ancien sergent-major marche à la tête des sous-officiers d'ordre.

Appel du soir.

117. Il contre-signe les permissions d'appel du soir et en tient note pour vérifier le rapport que le sergent de garde fait des hommes rentrés.

Il fait en double expédition le relevé général des billets d'appel du soir, et le présente à la signature de l'adjudant-major.

Devoirs après la retraite.

118. A l'heure de l'appel ou à l'heure fixée par le colonel, il fait fermer les cantines. Il veille à ce que l'extinction des lumières ait lieu à 10 heures.

Il répond envers l'adjudant-major et l'officier supérieur de semaine de la tranquillité du quartier pendant la nuit; il fait des rondes et en fait faire par le sergent et par le caporal de garde.

Il fait les contre-appels que l'adjudant-major a ordonnés; il peut en faire de son chef si quelque circonstance particulière l'exige; il en rend compte à l'adjudant-major le lendemain matin.

Propreté du quartier.

119. Il assure la propreté de l'extérieur et des cours du quartier, sous la direction de l'adjudant-major; il fait exécuter par le sergent de garde et les caporaux de semaine tous les ordres donnés à cet égard.

Détenus et consignés.

120. Il fait rassembler les détenus et les consignés aux heures fixées pour les exercices de punition.

Il surveille la nourriture des détenus; il s'assure qu'ils sont rasés au moins deux fois par semaine par le perruquier de leur compagnie; il informe de leur sortie le sergent-major de la compagnie, quand elle a lieu pour cause de santé ou par ordre du colonel.

Il charge le sergent de garde de faire de fréquents appels des consignés; la liste en est déposée au corps de garde.

Il envoie deux fois par semaine un perruquier à l'hôpital pour raser les malades du régiment.

Visites au quartier par des officiers supérieurs.

121. En l'absence de l'adjudant-major de semaine, l'adjudant accompagne le colonel et le lieutenant-colonel lorsqu'ils viennent au quartier. Il accompagne de même tout officier supérieur qui le demande.

CHAPITRE XIV.

SERGENT-MAJOR.

Devoirs généraux.

122. Le sergent-major s'applique à connaître la conduite, les mœurs et la capacité des sous-officiers, des caporaux et soldats de la compagnie; il éclaire l'opinion du capitaine sur leur compte, et n'agit envers eux qu'avec les ménagements ou la sévérité que comportent leur âge ou leur caractère. Il les commande en tout ce qui est relatif au service, à la tenue et à la discipline. Il est responsable de ces détails envers les officiers de la compagnie, et spécialement envers l'officier de semaine.

Il est responsable de l'administration envers le capitaine; il surveille le fourrier chargé, sous sa direction, de faire toutes les écritures.

Vérification à son entrée en fonctions.

123. En entrant en fonctions, il vérifie si les effets

de toute nature en service cadrent avec le livre de compagnie et les livrets.

Prêt.

124. Lorsque le capitaine ne touche pas le prêt lui-même, le sergent-major le perçoit sur une feuille signée et acquittée par le capitaine, auquel il porte immédiatement le prêt.

Le premier jour du prêt, avant l'appel de 11 heures, il paye aux chefs d'escouade, en présence de l'officier chargé de la surveillance de l'ordinaire, les centimes de poche et les hautes payes du prêt échu.

Il paye en même temps aux sous-officiers le prêt échu.

Comptabilité de la compagnie.

125. Il fait tenir par le fourrier les registres de compagnie, d'ordres et de punitions. Il exige qu'ils soient constamment au courant et que les mutations, ainsi que les recettes et les distributions de toute nature, soient portées chaque jour sur le livre de compagnie. Il veille à ce que le fourrier inscrive, en présence des hommes, sur le livret, tous les effets qu'ils reçoivent, les réparations et les dégradations de toute nature mises à leur charge, ainsi que les versements qu'ils ont faits entre les mains du capitaine pour améliorer leurs masses. Sous aucun prétexte il ne garde les livrets par devers lui et ne permet au fourrier de les garder.

Effets des recrues.

126. A mesure que les recrues reçoivent des effets militaires, le sergent-major leur fait vendre leurs effets bourgeois en présence d'un sergent de la section : les pantalons peuvent être conservés pour les corvées et les exercices de détail.

Effets des hommes aux hôpitaux, en congé
ou en désertion.

127. Lorsqu'un homme entre à l'hôpital du lieu, ses effets d'armement, d'habillement et d'équipement sont visités en sa présence au magasin du régiment, où ils restent déposés, ainsi que son sac, qui est fermé et étiqueté. L'état en est dressé; il indique la valeur estimative des dégradations qui sont reconnues; il est signé par l'homme qui s'absente et par le sergent-major, daté et certifié par le commandant de la compagnie et renfermé dans le sac. Un double de cet état, également signé, est conservé par le sergent-major. Si le soldat entrant à l'hôpital ne peut assister à cette visite, il y est remplacé par le caporal et par un homme de l'escouade. Le sergent-major inscrit sur le billet d'hôpital les effets que l'homme emporte avec lui. Il arrête son livret, le présente à la signature du capitaine, et le remet à l'homme, qui doit toujours en rester porteur; il inscrit sur le rapport du lendemain la mutation et la situation de la masse.

Il agit de même à l'égard des hommes allant en congé, à l'hôpital externe, ou s'absentant pour tout autre motif. Ces hommes emportent leur sac; les effets qu'ils laissent au régiment sont visités de la même manière.

Lorsque l'homme qui a fait une absence rentre au régiment, ses effets sont retirés du magasin et vérifiés en sa présence.

Dès que le sergent-major suppose qu'un homme a déserté, il fait établir en double expédition l'inventaire de ses effets, en présence du caporal et d'un soldat de la chambrée, qui le certifient; cet inventaire est visé par le capitaine. Le sac et tous les effets sont aussitôt déposés provisoirement au magasin avec une expédition de l'inventaire. L'autre expédition est remise au major. Le versement définitif au magasin a lieu le jour où l'homme est déclaré déserteur.

Listes, placards et étiquettes.

128. Le sergent-major fait placer par le fourrier, en dehors de la porte de chaque chambre et sur une planchette, une liste indiquant le numéro du bataillon et de la compagnie, le nom du capitaine, de l'officier et des sergents de la section, et ceux des hommes de la chambrée.

Il affiche sur la porte de sa chambre les noms des officiers de la compagnie avec l'indication de leurs logements; il y affiche également son nom et celui du fourrier.

Il fait afficher encore dans les chambres :

1° Les articles de la présente ordonnance sur les marques extérieures de respect;

2° Les devoirs des caporaux de chambrée;

3° L'instruction sur l'entretien des armes;

4° L'état des objets de casernement, signé par le fourrier et le caporal;

5° Le classement de tir;

6° Le contrôle des classes d'appréciation des distances;

7° Les consignes générales pour les postes de police, les cuisines, les infirmeries;

8° Les étiquettes de lit et de râtelier d'armes;

9° Enfin il fait afficher, en outre, dans les chambres des chefs d'ordinaire, la copie des marchés et conventions passés pour les ordinaires.

Malades à la chambre.

129. Après le réveil, il envoie au corps de garde, par le sergent de semaine, les noms des hommes malades et des hommes rentrés la veille des hôpitaux, avec les numéros de leurs chambres. En cas d'urgence, il fait avertir sur-le-champ le médecin-major.

Il fait prévenir un des médecins dès qu'un homme

rentre de congé, de permission ou de l'hôpital externe, afin qu'il visite cet homme immédiatement.

Appels.

130. Il se fait rendre compte de l'appel du matin par le sergent de semaine : il l'envoie en informer l'adjudant de semaine.

Il fait l'appel de 11 heures ; il y fait donner lecture des ordres par le fourrier ; il commande le service pour le lendemain, et ne fait rompre les rangs que lorsque l'officier de semaine le prescrit.

Il fait faire devant lui l'appel du soir par les caporaux de chambrée ; il établit le billet d'appel, le remet à l'officier de semaine, et se rend avec lui dans la salle du rapport.

Il peut, avec l'autorisation de l'officier de semaine, être remplacé pour cet appel par le sergent de semaine ; toutefois il ne peut se dispenser de s'y trouver, lorsque l'officier de semaine de la compagnie n'y assiste pas.

Garde montante.

131. Il se trouve à la garde montante. Lorsque le cercle est rompu, il donne au sergent de semaine les noms des hommes qui doivent être de service le lendemain ; lorsqu'il a reçu des ordres d'une exécution urgente, il va les communiquer au capitaine ; il en fait informer les autres officiers par le caporal de semaine.

Demandes des sous-officiers et soldats.

123. Le sergent-major reçoit toutes les demandes que les sous-officiers, caporaux et soldats ont à faire par la voie du rapport ; il les soumet au capitaine et en instruit l'officier de semaine. Les soldats ne peuvent pas, sans permission, changer entre eux leur tour de garde.

Prix des remplacements pour le service.

133. Les demandes de remplacement de service lui sont soumises ; il les accorde, s'il y a lieu ; il en rend compte à l'officier de semaine. Le prix de ces remplacements est fixé de la manière suivante ;

Pour une garde ou pour une ordonnance qui découche... 75 centimes.

Pour un piquet de vingt-quatre heures, pour une ordonnance qui rentre le soir, ou pour faire la soupe.. 50

Pour une corvée.................. 25

Cas d'empêchement ou d'absence.

134. Lorsque le sergent-major est dispensé de quelque partie du service, il est remplacé par le sergent de semaine, auquel il remet le contrôle pour commander le service.

En cas d'absence, il est remplacé, pour le service et la police, par le plus ancien sergent de la compagnie, qui est alors dispensé du service de la place : dans ce cas, le fourrier devient responsable de la comptabilité envers le capitaine.

CHAPITRE XV.

SERGENTS.

Fonctions générales.

135. Les sergents commandent aux caporaux et aux soldats en tout ce qui est relatif au service, à la police et à la discipline ; ils surveillent leur conduite privée ; ils sont responsables, envers le sergent-major et les officiers, de l'exécution des ordres et de la police.

Ils alternent dans chaque compagnie pour le service de semaine ; ils roulent entre eux dans le régiment pour les gardes, les plantons et les corvées.

SERGENT DE SECTION.

Fonctions.

136. Chaque sergent dans la demi-section à laquelle il est attaché, dirige, sous l'autorité de l'officier de section, les détails intérieurs des chambrées ; il surveille la conservation et la tenue des effets.

Il appuie les caporaux de son autorité, les habitue à commander avec fermeté, mais sans brusquerie, et veille à ce qu'ils ne s'écartent jamais de l'impartialité et de la justice.

Quand un des deux sergents est absent, celui qui reste a la surveillance de toute la section.

Livret et contrôle.

137. Le sergent de section tient un livret semblable à celui qui est prescrit pour les officiers par l'article 92.

Il doit avoir en outre un contrôle de la compagnie, pour suppléer le sergent-major dans les appels.

Surveillance des chambrées.

138. Il s'assure que les chambres sont balayées tous les jours ; il veille à la conservation et au remplacement des affiches et étiquettes, ainsi qu'au maintien de l'ordre établi pour l'arrangement des effets ; il apporte une attention particulière à la bonne tenue des armes et de l'équipement.

Le samedi il fait mettre dans le plus grand état de propreté les effets de toute nature ; il fait balayer les chambres à fond, et battre les couvertures et les matelas.

Propreté des hommes.

139. Il exige que les caporaux et les soldats fassent faire à leur linge les réparations nécessaires, et qu'ils en changent le dimanche ; qu'ils soient rasés trois fois par semaine, et particulièrement les jours où ils doivent être de service ; que leurs cheveux soient coupés fréquemment et tenus courts, surtout en été.

Rassemblement de la compagnie.

140. Toutes les fois que la compagnie doit s'assembler, le sergent de section se rend de bonne heure dans les chambres de sa section et veille à ce que les hommes s'apprêtent.

Rapport à l'officier de section.

141. Il fait verbalement son rapport à l'officier de section, lorsque celui-ci vient au quartier. Il l'informe des mutations journalières, des pertes ou dégradations d'effets, ainsi que des réparations à faire. Il prend ses ordres avant de demander au sergent-major les bons nécessaires.

SERVICE DE SEMAINE.

Le sergent de semaine est aux ordres de l'officier de semaine.

142. Le sergent de semaine est particulièrement aux ordres de l'officier de semaine ; il assure, sous l'autorité de ce dernier, l'exécution des détails de service, de police et de discipline ; il lui fait des rapports verbaux, ainsi qu'au sergent-major ; il aide et supplée ce dernier dans le service journalier.

Appels; visite du médecin.

143. Il assiste à tous les appels, et se place à côté du sergent-major, afin de répondre pour les hommes de service et pour les malades à la chambre ; il fait lui-même les appels lorsque le sergent-major ne s'y trouve pas.

Il passe dans les chambres après le réveil, se fait rendre compte de l'appel du matin, et en informe le sergent-major ; il lui donne les noms des malades et les numéros de leurs chambres.

Autant que possible, il se trouve à la visite du médecin ; il reçoit de lui les billets d'entrée à l'hôpital ou à l'infirmerie, et les exemptions de service ou d'instruction ; il les remet au sergent-major, et en rend compte à l'officier de semaine à l'appel de 11 heures.

Rassemblement des classes d'instruction et des corvées.

144. Il fait rassembler par le caporal de semaine les hommes commandés pour les classes d'instruction et pour les corvées ; il en passe l'inspection.

Inspection des hommes de service.

145. Une demi-heure avant le rassemblement de la garde, il inspecte dans les chambres les hommes de service et de piquet ; il est responsable de leur bonne tenue ; il inspecte de même les hommes commandés de détachement.

Garde montante.

146. Il se trouve à la garde montante ; il y reçoit du sergent-major les noms des hommes qui doivent être de service le lendemain ; il passe dans les chambres pour les commander, s'ils n'ont pu l'être à l'appel, et pour transmettre les ordres donnés au cercle.

Prêt.

147. Il veille à l'emploi que les caporaux font du prêt [1].

Détenus et malades à l'infirmerie.

148. Il tient la main à ce que les hommes de la compagnie détenus dans les salles de discipline du quartier, ainsi que les malades à l'infirmerie, soient rasés deux fois par semaine par le perruquier de la compagnie, et à ce que le dimanche il leur soit fourni du linge blanc par les soins de l'ordinaire ; il en est responsable.

Surveillance pour la propreté du quartier.

149. Il s'assure que les corridors et les escaliers sont balayés tous les jours ; le samedi il les fait nettoyer à fond.

Cas où le sergent de semaine est forcé de s'absenter.

150. Il ne peut pas s'absenter du quartier, même pour le service, sans l'autorisation de l'adjudant de semaine ; il se fait alors remplacer par le caporal de semaine.

CHAPITRE XVI.

FOURRIER.

Fonctions générales.

151. Le fourrier est aux ordres immédiats du sergent-major ; il tient, sous la direction de celui-ci,

---

[1] Dans le cas où il n'y a pas de commission des ordinaires, le sergent de semaine vérifie souvent les prix et la qualité des achats de toute espèce. Il s'informe chez les marchands s'il ne leur est rien dû.

tous les registres, et fait les écritures et les états relatifs aux détails de la compagnie.

Il est chargé du casernement.

Il remplace au besoin le sergent-major pour les réceptions et les distributions d'effets d'habillement, de grand et de petit équipement et d'armement.

Il se trouve aux exercices de détail et aux manœuvres.

Corvées et distributions.

152. Il fait connaître au caporal de semaine le nombre d'hommes à fournir pour les corvées ; il aide à leur rassemblement.

Il reçoit les distributions ; il est responsable de toute erreur ; il ramène au quartier les hommes de corvée, et fait la répartition de ce qu'il a reçu.

Livre d'ordres.

153. Il est responsable de la régularité du livre d'ordres ; il le communique, dès qu'il y a de nouveaux ordres, aux officiers de la compagnie, dont la signature justifie qu'il le leur a présenté.

Fourrier de semaine.

154. Dans chaque bataillon un fourrier est chargé, pendant une semaine, de seconder l'adjudant dans l'établissement du rapport journalier, et de remettre au major les rapports des compagnies et les pièces à l'appui des mutations.

Il communique au chef de son bataillon, à l'adjudant-major et au médecin les ordres qui sont inscrits sur le livre d'ordres du bataillon.

Il peut encore être chargé de réunir et de conduire chaque jour, à l'heure indiquée, les malades du bataillon qui doivent entrer à l'hôpital.

Caporal adjoint au fourrier.

155. Un caporal est désigné pour remplacer le fourrier, lorsqu'il est absent, et pour le seconder dans ses fonctions, lorsque l'effectif de la compagnie le rend nécessaire, ou que la compagnie est divisée.

Ce caporal n'est exempt habituellement que du service de semaine ; il l'est du service de place lorsque le fourrier est absent ; il se trouve aux exercices de détail et aux manœuvres.

CHAPITRE XVII.

CAPORAUX.

Devoirs généraux.

156. Les caporaux doivent donner l'exemple de la bonne conduite, de la subordination et de l'exactitude à remplir leurs devoirs.

Ils surveillent les soldats en tout ce qui tient au bon ordre et à la tranquillité publique ; ils sont particulièrement chargés de tout ce qui est relatif au service, à la tenue, à la police et à la discipline de leur escouade.

Ils doivent user au besoin des moyens de répression que la présente ordonnance leur accorde, et, si ces moyens sont insuffisants, en appeler à l'autorité de leurs supérieurs ; mais ils ne doivent jamais oublier que la manière la plus sûre de se faire respecter et obéir est de se conduire envers leurs subordonnés avec fermeté et douceur, sans familiarité ni brusquerie.

Le jour du prêt, avant l'appel de 11 heures, ils reçoivent du sergent-major pour les hommes de leur escouade les centimes de poche du prêt échu ; ils les leur distribuent immédiatement ; il ne peut y être fait d'autre retenue que celle qui est prescrite pour les hommes punis.

Ils forment les recrues de leur chambrée aux détails du service intérieur ; ils leur enseignent le paquetage et la manière d'entretenir dans le plus grand état de propreté leurs armes et leurs effets d'habillement et d'équipement.

Ils alternent dans chaque compagnie pour le service de semaine ; ils roulent sur tout le régiment pour les gardes, les plantons et les corvées.

Ils sont exempts des corvées auxquelles les soldats sont assujettis.

CAPORAL DE CHAMBRÉE.

Logement et casernement.

157. Le caporal loge avec les hommes de son escouade. En prenant une chambre, il reconnaît avec le fourrier le nombre, l'espèce et la qualité des objets de casernement qu'elle contient ; il veille à leur conservation. Le fourrier en dresse l'état ; le caporal le signe avec lui.

Devoirs au lever.

158. Au réveil, il fait lever les hommes de la chambrée et découvrir les lits ; il fait ensuite ouvrir les fenêtres pour renouveler l'air ; il fait l'appel, et en rend compte au sergent de semaine, ainsi que de l'heure de la rentrée des hommes qui n'étaient pas à l'appel du soir.

Il lui donne les noms des malades ; dans un cas grave, il va lui-même chercher le médecin-major. Pendant la nuit, il avertit le sergent de garde, qui envoie appeler le médecin par un homme de service.

Soins de propreté ; hommes de service.

159. Il veille à ce que les soldats se nettoient la tête

et se lavent le visage et les mains. Il fait faire les lits et mettre tous les effets dans l'état de propreté et d'arrangement prescrit. Il fait préparer les hommes commandés de service et ceux qui sont désignés pour les classes d'instruction.

Un homme de corvée, commandé à tour de rôle parmi ceux de la chambrée, nettoie la table, les bancs, balaye la chambre, dépose les ordures dans le corridor, et enlève la poussière sur le râtelier d'armes et sur la planche à pain.

Police de la chambrée.

160. Le caporal de chambrée réprime tout ce qui se fait et se dit contre le bon ordre ; il fait cesser les jeux lorsqu'ils occasionnent des querelles ; il fait coucher les hommes ivres en attendant qu'ils soient punis, et lorsqu'ils troublent l'ordre, il charge des hommes de la chambrée, et, au besoin, des hommes de garde, de les conduire à la salle de police.

Il empêche de fumer au lit, de battre les habits dans les chambres, de se servir des draps et des couvertures pour s'essuyer, et de retirer de la paille des paillasses ; il s'oppose à ce que les soldats se couchent sur les lits avec leurs souliers ; il veille à ce qu'ils ne placent aucun effet entre la paillasse et le matelas.

Rapports.

161. Il rend compte au sergent de semaine et à celui de la demi-section des punitions qu'il a infligées et de tout ce qui intéresse le service et la discipline.

En cas d'événement imprévu, tel que désertion, duel, vol, il en informe sur-le-champ un des sergents de la section, et, à leur défaut, le sergent de semaine ou le sergent-major.

Effets prêtés. Visite des sacs.

162. Il s'oppose à ce que les soldats se prêtent leurs

effets d'habillement, de grand équipement et d'armement.

Quand il soupçonne un homme d'avoir vendu des effets ou d'en recéler de perdus ou de volés, il prévient le sergent-major, ou, à son défaut, le sergent de semaine, qui visite aussitôt le sac de cet homme, en présence du caporal et d'un soldat. On agit de même à l'égard des hommes qui, ayant manqué à l'appel du soir, ne sont pas rentrés le matin.

Devoirs à l'appel du soir.

163. Le caporal de chambrée fait l'appel du soir à haute voix, en présence de l'officier de semaine ou du sergent-major, lorsqu'ils passent dans les chambres.

Il empêche les soldats de se servir de leur képi pour la nuit ; il ne permet de se couvrir avec les capotes que lorsque l'autorisation en a été donnée au rapport ; il s'assure que l'homme de corvée a rempli la cruche d'eau ; il fait éteindre la lumière au signal donné ; s'il s'aperçoit qu'un homme soit sorti après l'appel, il en rend compte sur-le-champ au sergent-major.

Visite d'officiers.

164. Quand un officier entre dans une chambre, le caporal commande : *Fixe;* les soldats se lèvent, se découvrent s'ils sont en képi, gardent le silence et l'immobilité jusqu'à ce que l'officier soit sorti ou qu'il ait commandé : *Repos;* si c'est un officier supérieur, le caporal commande : *A vos rangs;* les soldats se placent au pied de leurs lits ; lorsqu'ils y sont, le caporal commande : *Fixe.*

Tenue des chambres.

165. Le nom de chaque soldat est écrit sur une planchette placée à la tête de son lit ; il est écrit en outre au râtelier d'armes, sur une planchette de plus petite dimension placée au-dessus de son fusil.

Le livret d'ordinaire est suspendu à un clou au-dessus du lit du chef d'ordinaire.

Les effets sont placés sur la planche de la manière suivante :

La tunique pliée en deux, la doublure en dehors ;

Les pantalons de toile, le pantalon de drap ;

La veste pliée en deux ; la capote pliée en quatre, la doublure également en dehors ;

Le sac par-dessus, fermé et contenant le linge blanc, la trousse et les effets de petite monture ; le linge sale dans la poche du sac ;

Le shako ou le képi séparent les effets de chaque homme ; s'il y a deux planches, le shako est placé sur la planche supérieure, au-dessus du sac, le calot en dessus ;

Les souliers sont accrochés, la semelle en dehors, à des clous placés au-dessous de la planche ; les brosses à souliers, renfermées dans un sac, sont placées sur la planche supérieure, et, à défaut de cette planche, suspendues près des souliers ;

Les fusils sont placés au râtelier, déchargés et à l'abattu, et le bouchon à la bouche du canon ;

Les gibernes et les sabres sont suspendus à des chevilles, les gibernes par leur cordon, les sabres par leur ceinturon.

Quand les localités ne se prêtent pas complétement à toutes ces dispositions, on s'en rapproche le plus possible ; dans tous les cas, les chambres sont tenues uniformément dans l'ordre le plus favorable à la conservation des effets, et de manière que les soldats puissent être promptement réunis avec armes et bagages.

Soins de propreté le samedi et le dimanche.

166. Le samedi, dans la journée, le caporal fait battre les couvertures et les matelas, laver les tables et les bancs, nettoyer l'équipement et les armes, et

mettre tout dans le plus grand état de propreté pour l'inspection du lendemain.

Le dimanche il s'assure que tous les soldats mettent du linge blanc ; il veille également à ce qu'ils se lavent les pieds au moins une fois par semaine.

Le premier samedi de chaque mois, il fait nettoyer les vitres en dehors et en dedans.

Entretien du linge et de la chaussure.

167. Il veille à ce que le linge soit raccommodé après le blanchissage, et à ce que la chaussure soit constamment tenue en bon état.

Cas d'absence.

168. En l'absence du caporal de chambrée, et à défaut d'un autre caporal logé dans la même chambre, son autorité et sa responsabilité passent au plus ancien soldat de 1re classe.

CAPORAL CHEF D'ORDINAIRE.

Vérification du livret d'ordinaire.

169. La veille du prêt, le caporal chef d'ordinaire présente à la vérification de l'officier chargé de la surveillance de l'ordinaire le livret servant à l'inscription des recettes et des dépenses.

Prêt.

170. Chaque jour il porte le livret d'ordinaire au sergent-major, qui y inscrit la somme revenant à l'ordinaire, en raison du nombre d'hommes qui y mangent ce jour-là [1].

---

[1] Dans le cas où il n'est pas formé de commission des ordinaires, le sergent-major inscrit chaque jour, en présence du caporal, l'à-compte remis par le capitaine pour les dépenses du lendemain. Le dernier jour de chaque prêt, le compte des recettes et des dépenses est réglé entre le sergent-major et le caporal d'ordinaire.

A l'expiration du prêt, les autres articles de recette provenant des punitions, des services payés, des travailleurs, etc. sont inscrits au livret d'ordinaire par le sergent-major.

Toutes les subsistances, excepté le pain de munition, sont en commun ; il en est de même des ingrédients pour nettoyer l'équipement et les armes, cirer les souliers, laver les pantalons de toile, soit qu'on emploie ces ingrédients en commun, soit qu'on les distribue à chaque homme.

Le blanchissage est également payé sur le prêt, à raison d'une chemise et d'un mouchoir par homme et par semaine.

Au jour indiqué, le caporal fait rassembler le linge sale, qui est remis à l'entreprise chargée du blanchissage de la troupe et qui doit être rendu dans les sept jours. Le linge est porté et rapporté par des corvées spéciales conduites par l'officier de casernement [1].

Police des repas.

171. Aucun caporal ou soldat ne peut être dispensé de manger habituellement à l'ordinaire qu'en vertu d'une permission du capitaine, qui en rend compte au rapport. Cette permission ne peut être refusée à l'homme marié dont la femme a obtenu l'autorisation de rester au régiment.

Le caporal d'ordinaire veille à ce que la distribution des aliments se fasse avec une égale justice.

SERVICE DE CUISINE.

Soupe portée à l'extérieur ou mise à part.

172. Dans chaque compagnie ou fraction de com-

---

[1] Dans quelques villes le blanchissage est fait en régie directe, et le linge est remis alors au sous-officier chargé de la buanderie. Dans ce cas, le prix du blanchissage est payé au compte de la masse individuelle.

pagnie formant ordinaire, il est établi un roulement entre les hommes reconnus aptes à devenir de bons cuisiniers.

Le soldat qui est chargé de la préparation et de la cuisson des aliments de l'ordinaire est maintenu en fonctions pendant deux mois, avec faculté pour le chef de corps de lui conserver cette situation jusqu'à trois mois, ou de le faire rentrer dans le rang avant l'expiration du délai de deux mois, s'il est reconnu que cet homme s'acquitte avec peu de soin de ses fonctions.

Le soldat chargé du service de cuisine vit sur l'ordinaire et reçoit sa solde entière et sans retenue (prêt franc).

Les cuisiniers sont exemptés de tout autre service. Chacun d'eux est secondé par un aide de cuisine qui est relevé tous les huit jours.

Le caporal fait porter la soupe aux hommes de garde ; il fait conserver chaude celle des hommes de service lorsqu'ils ne peuvent la manger qu'à leur retour.

Il fait mettre de côté les subsistances des détenus.

Il n'est pas conservé de soupe pour les hommes qui ne sont pas présents à l'heure prescrite ; il est défendu d'en mettre à part, si ce n'est pour les sous-officiers qui seraient forcés de vivre à l'ordinaire.

Responsabilité.

173. Le caporal chef d'ordinaire rassemble les hommes de corvée pour les distributions, prend livraison des quantités directement fournies par la commission des ordinaires, et en est responsable.

La viande est fournie en nature et contre une retenue déterminée ; il en est mis à l'ordinaire 3oo grammes par homme.

Lorsque le chef d'ordinaire est de service, il est

remplacé par un caporal de l'ordinaire désigné à l'avance par le capitaine [1].

Surveillance à l'égard des cuisiniers.

174. Le caporal d'ordinaire veille à ce que le cuisinier fende le bois dans la cour, et remette les ustensiles de cuisine dans le plus grand état de propreté au cuisinier qui le relève.

Le chauffage et les légumes sont placés dans un endroit de la cuisine où ils ne peuvent pas gêner ; la viande est pendue à l'air et garantie du soleil et des mouches.

SERVICE DE SEMAINE.

Corvées ; consignés ; classes d'instruction.

175. Le caporal de semaine est chargé de commander et de réunir les hommes pour les corvées et les

---

[1] Dans le cas où il n'est pas formé de commission des ordinaires, le chef d'ordinaire achète des denrées saines et nourrissantes et dont les prix sont des moins élevés.

Lorsque le caporal va faire les achats, il est en tenue du jour ; il est accompagné par un soldat en tenue de corvée, qui a la faculté de débattre les prix et d'aller à d'autres marchands, et qui rapporte les provisions. A son retour, le caporal inscrit les dépenses sur le livret d'ordinaire, en présence du soldat, dont il mentionne le nom.

Les fournisseurs doivent être payés comptant, en présence de l'homme de corvée ; il est défendu au chef d'ordinaire d'acheter à crédit. L'émargement des fournisseurs dans la colonne *ad hoc* du livret d'ordinaire doit, chaque jour, justifier des payements qui leur sont faits. Toute remise, tout arrangement illicite entre les fournisseurs et le chef d'ordinaire entraînent le changement immédiat des premiers et la punition sévère du second, qui encourt toujours la suspension, au besoin la cassation et invariablement la radiation du tableau d'avancement.

distributions. Il se trouve à la garde montante ; il aide le sergent de semaine dans la réunion des classes d'instruction ; il assiste aux appels des consignés ; il présente ceux de sa compagnie au sergent de garde.

Le contrôle de la compagnie lui est remis par le caporal qu'il relève.

Propreté du quartier.

176. Une demi-heure après le réveil, il rassemble les hommes de corvée pour leur faire nettoyer les corridors et les escaliers ; il les conduit au sergent de garde lorsqu'ils doivent nettoyer les cours ; il veille à ce qu'ils soient dans la tenue prescrite pour les corvées.

Détenus.

177. Il est habituellement chargé de conduire à la salle de police les hommes qui y sont condamnés, de les en faire sortir pour le service, l'instruction ou les corvées, et de les y faire rentrer ensuite.

Aux heures de la soupe, il fait réunir les subsistances des détenus ; il conduit au sergent de garde l'homme de corvée qui les porte.

Cas où le caporal de semaine s'absente du quartier.

178. Il ne sort pas du quartier, même pour le service, sans l'autorisation du sergent de semaine. Lorsque celui-ci est absent, il le remplace.

CHAPITRE XVIII.

MILITAIRES DE PREMIÈRE CLASSE.

Comment choisis.

179. Les soldats de première classe sont choisis par le colonel, sur la présentation des capitaines et l'avis

du chef de bataillon, parmi les hommes admis à l'école de bataillon qui se sont fait remarquer par leur vigueur, leur adresse au tir, et qui ont mérité cette distinction par leur valeur, leur conduite et leur tenue.

En temps de paix, ils doivent avoir au moins six mois de service.

A la guerre, un acte d'intrépidité, une bravoure soutenue, dispensent de l'ancienneté.

Les sous-officiers et les caporaux de première classe sont choisis par le colonel, dans toutes les compagnies du régiment indistinctement, sur la présentation des chefs de bataillon, et après qu'il a pris l'avis du lieutenant-colonel. Le droit au commandement et la responsabilité dans le service restent, en l'absence du chef immédiat, au plus ancien sous-officier ou caporal, quelle que soit sa classe.

Les escouades auxquelles il n'est point attaché de caporaux sont commandées par le plus ancien soldat de première classe qui s'y trouve.

CHAPITRE XIX.

TAMBOURS, CLAIRONS ET MUSICIENS.

Police et instruction.

180. Les tambours et les clairons sont, pour le service, sous les ordres du tambour-major, des caporaux-tambours et caporaux-clairons ; ils sont soumis à la police des chambrées dans lesquelles ils logent.

Le tambour-major est chargé d'instruire les tambours aux batteries de l'ordonnance ; l'instruction des clairons est confiée au chef de musique, qui est tenu de leur enseigner les éléments de la musique ; l'un et l'autre en rendent compte à l'officier chargé de cette surveillance.

Quand des troupes de différents corps occupent le même quartier, les tambours - majors prennent les ordres de leurs colonels pour ajouter aux batteries un signal distinctif, qui empêche que le service ne soit confondu entre les corps.

Appels et garde montante.

181. A l'appel de 11 heures, le tambour-major, aidé des caporaux-tambours et caporaux-clairons, passe l'inspection des tambours et clairons ; aussitôt après que les compagnies ont rompu les rangs, il fait rappeler pour le rassemblement de la garde.

Le matin il se trouve au rapport général ; il reçoit par l'adjudant de semaine les ordres qui sont donnés extraordinairement.

Chaque fois que le régiment se réunit, le tambour-major et les caporaux-tambours font l'appel des tambours et clairons de leurs bataillons ; le tambour-major le rend, au cercle, au capitaine de semaine.

Retraite.

182. Avant l'heure fixée pour la retraite, le tambour-major réunit au quartier les tambours et les clairons et les conduit sur la place d'armes.

Service et corvées.

183. Les tambours et les clairons de toutes les compagnies roulent entre eux pour le service ; le tambour-major les commande d'après le rang des compagnies dans l'ordre de bataille, en commençant par le plus ancien de chaque compagnie.

Il y a tous les jours un tambour ou un clairon de service au corps de garde de police, pour faire toutes les batteries ou sonneries.

Les tambours et les clairons sont exempts des corvées de la compagnie ; ils font celles de la chambrée.

Musiciens.

184. Le personnel de la musique de chaque régiment forme une section composée ainsi qu'il suit :

> 1 chef de musique ;
> 1 sous-chef de musique ;
> 38 musiciens ;

TOTAL...... 40

Pour l'administration, la section de musique est rattachée au petit état-major sous les ordres de l'officier d'habillement.

Le chef de musique est commissionné au nom du Chef de l'État et en vertu du décret qui le nomme, par le Ministre de la guerre. Mais la loi du 19 mars 1834 n'est point applicable aux chefs de musique. Le sous-chef est nommé directement par le Ministre. Les musiciens sont nommés par le général commandant la brigade.

Le grade de caporal ne peut être attribué aux musiciens. Mais la solde de ce grade peut leur être accordée après dix ans de fonctions, sous la réserve de ne jamais accorder cet avantage à plus de la moitié de la musique. La solde de soldat de 1re classe est allouée aux musiciens dès qu'ils sont en état de faire leur partie, indépendamment d'une allocation supplémentaire de solde de 10 centimes par jour et des autres primes mensuelles de fonctions, dont le chiffre est fixé par le conseil d'administration.

Les musiciens qui reçoivent la solde de soldat de 1re classe en portent le galon.

Le chef de musique a la direction exclusive de son corps de musique, personnel et matériel. A l'instar de ce qui est déterminé pour les commandants de compagnie, il répond de l'instruction, de la police, de la discipline et de la tenue de ses musiciens.

Pour sa spécialité, il ne relève que du chef de corps ; pour le service militaire, il relève des officiers supérieurs, des adjudants-majors et de l'officier d'habillement.

Le sous-chef a pour mission de seconder, et, au besoin, de suppléer en tout le chef de musique ; il est chargé de tous les détails du service de la musique, et la représente au rapport journalier. Pour sa spécialité, il ne relève que du chef de musique ; quant au service militaire, il relève de tous les officiers. Le sous-chef de musique fait les appels et les rend au capitaine de semaine avec les sergents-majors.

Les soldats-musiciens sont subordonnés d'une manière absolue pour tous les détails du service, tant spécial que militaire, au chef de musique et subsidiairement au sous-chef. Ils relèvent en outre, quant au service militaire, de tous les officiers, adjudants et sous-officiers. Ils sont tenus au salut envers les officiers, le chef et le sous-chef de musique et les sous-officiers [1].

Les soldats élèves musiciens, au nombre de quinze, suivent les cours de musique et concourent à l'exécution, mais comptent à leur compagnie.

Cas de partage du régiment.

185. Quand le régiment est divisé, le tambour-major et la musique restent avec le colonel ; les caporaux-tambours et les caporaux-clairons suivent leurs bataillons ; les tambours et les clairons marchent avec leurs compagnies respectives.

---

[1] Transitoirement, les musiciens de 1re, 2e et 3e classe, actuellement en fonctions, continueront à jouir des avantages et allocations qui leur ont été attribués jusqu'ici ; ils pourront se rengager en conservant leur emploi, si toutefois ils n'ont pas dépassé l'âge fixé par la nouvelle loi militaire. Dans le cas contraire, ils pourront exceptionnellement être autorisés à rester à leur corps, à titre de musiciens commissionnés, tout en conservant la classe dont ils sont en possession ; mais ils disparaîtront par extinction.

CHAPITRE XX.

COMPAGNIE HORS RANG.

Dispositions générales.

186. Le nombre des soldats qui font partie de la compagnie hors rang peut, selon les besoins, être augmenté ou diminué par des mutations entre elle et les autres compagnies du régiment; ces mutations sont autorisées par le colonel, sur la proposition du major et l'avis du lieutenant-colonel.

Autant que possible, il n'est reçu dans la compagnie hors rang que des hommes admis au bataillon.

Cette compagnie est soumise, pour la police, la tenue et l'ordinaire, aux mêmes règles que les autres compagnies. Les hommes qui la composent vont aux distributions et font les corvées de leur compagnie; ils sont habituellement exempts de service et des corvées du quartier.

Inspection et instruction.

187. Le dimanche la compagnie hors rang se trouve en tenue à l'inspection du régiment; elle se place à la gauche; elle est ensuite exercée par ses officiers et sous-officiers. Cet exercice a lieu deux et même trois fois par semaine, lorsque le travail des ateliers le permet. Dans ce dernier cas, la compagnie se trouve quelquefois aux marches militaires.

Lorsque les sous-officiers, les caporaux et les soldats de la compagnie hors rang font entretenir leurs effets par des soldats des bataillons, ils leur payent 1 franc 5o centimes par mois.

Salaire des ouvriers aux ateliers; versement aux masses individuelles.

188. Le tarif des salaires à payer aux ouvriers des ateliers par les maîtres-ouvriers est arrêté par le conseil d'administration sur la proposition du major.

Si leur masse individuelle n'est pas complète, il est
exercé sur le produit de leur travail une retenue déterminée par le major.

CHAPITRE XXI.

VAGUEMESTRE.

Fonctions.

189. Le vaguemestre est sous la surveillance immédiate du major. Muni d'une commission du conseil d'administration, il retire de la poste les lettres,
paquets, argent et effets adressés au conseil ainsi qu'aux
officiers, sous-officiers et soldats. Il en est responsable;
il les distribue immédiatement et sans aucune rétribution en sus de la taxe.

Les lettres à destination des militaires faisant partie
des corps en campagne leur parviennent en franchise.
Les lettres envoyées de ces corps jouissent du même
avantage. Cette franchise est maintenue même après la
fin d'une campagne, pour les lettres à destination des
militaires blessés ou malades, pendant tout le temps
qu'ils demeurent dans les hôpitaux ou ambulances.
Les lettres envoyées de ces hôpitaux ou ambulances
jouissent aussi du même avantage. Les mandats envoyés par l'intermédiaire de la poste, aux militaires
en campagne, sont exemptés des frais de timbre et
de poste jusqu'à la somme de 5o francs.

Ces dispositions ne sont pas applicables à l'armée
d'Afrique.

Registre.

190. Il tient un registre divisé en deux parties. La
première sert à enregistrer les titres qui lui sont confiés pour retirer de la poste les lettres chargées, l'argent adressé aux officiers, aux sous-officiers et soldats,
et à justifier de la remise qu'il en a faite; la signature

du directeur de la poste constate la recette du vaguemestre, et celle des militaires opère sa décharge. La
seconde partie est destinée à constater les divers char-
gements de lettres et de fonds qu'il fait de la part des
militaires du régiment.

Ce registre est coté et parafé par le major, qui le
vérifie tous les lundis.

Boîte aux lettres.

191. Il est placé près du corps de garde de police une
boîte aux lettres dont le vaguemestre a la clef; l'heure
de la levée des lettres est indiquée par une affiche.

Le vaguemestre passe chez le colonel, dans les bu-
reaux du major, du trésorier et de l'officier d'habillement pour y prendre les dépêches.

Remise des lettres et de l'argent.

192. Le vaguemestre remet d'abord au colonel les
lettres à son adresse et à celle du conseil d'administration.

Il porte ensuite à domicile celles du major, du trésorier, de l'officier d'habillement et des officiers supérieurs; il porte de même à tous les officiers l'argent
qu'il reçoit pour eux.

A l'appel de 11 heures ou à celui qui suit l'arrivée
du courrier, ils distribue aux sergents-majors les lettres
des officiers, s'il n'a pu les leur remettre lui-même, et
celles des sous-officiers et soldats; les lettres chargées
et l'argent reçus pour les caporaux et les soldats leur
sont remis directement par le vaguemestre, en présence du sergent de semaine, qui signe avec eux au
registre du vaguemestre et qui en informe l'officier
de semaine. Si ces militaires ne savent pas écrire, ils
font une croix, et l'officier et le sergent de semaine
signent au registre pour certifier que le payement a
été fait.

Le vaguemestre, en recevant un mandat pour en

toucher le montant, doit, lorsque ce mandat lui est présenté, exiger immédiatement à l'appui la production de la lettre d'envoi.

Il s'assure que la lettre et le mandat appartiennent bien à celui qui les présente; que la lettre fait mention de l'envoi du mandat et que ces deux pièces ont le même point de départ.

Le vaguemestre inscrit sur le mandat le numéro matricule du titulaire, appose son parafe au-dessous et reproduit ce numéro matricule sur son registre, après le nom de ce même titulaire.

Ces premières précautions prises, le vaguemestre exige, au moment de payer, la reproduction de la lettre d'envoi, puis celle du livret du militaire titulaire, afin de constater, par l'inspection du numéro matricule de l'homme qui se présente, que celui-ci est bien le véritable destinataire.

Dans le cas où l'indication du corps dont fait partie le destinataire est inexacte, la régularisation est faite sur le mandat même, mais sans altération de la désignation erronée, et cette régularisation est appuyée de la signature du chef de corps ainsi que de l'apposition du timbre ou du cachet dont il dispose. Il en est de même quand la position du destinataire n'est pas suffisamment indiquée ou quand ses noms et prénoms sont écrits d'une manière incorrecte sur le mandat.

Le sergent-major de la compagnie hors rang reçoit les lettres des officiers de l'état-major, des sous-officiers et soldats du petit état-major.

Lorsqu'un militaire reçoit un mandat télégraphique, il doit, pour en toucher le montant, le remettre au vaguemestre, chargé de le présenter à l'agent du service des postes. Celui-ci remet au vaguemestre, avec les autres articles d'argent, la valeur du mandat télégraphique, qui est versée entre les mains du destinataire d'après les règles fixées ci-dessus pour le payement des mandats.

Le vaguemestre donne à l'adjudant de semaine un

état signé par le directeur de la poste et constatant les différentes sommes, ainsi que les lettres chargées qu'il a reçues pour les sous-officiers, les caporaux et les soldats. Cet état est annexé au rapport. L'adjudant en donne lecture aux sergents-majors, qui en rendent compte à leurs capitaines et aux officiers de semaine.

Si le vaguemestre n'a reçu aucun article d'argent, il remet à l'adjudant un état négatif également signé par le directeur de la poste.

Lettres de rebut; argent adressé aux absents.

193. Les lettres de rebut sont rendues par le vaguemestre à la poste, sans avoir été décachetées, après que le motif du refus a été inscrit au dos; le port en est remboursé par le directeur de la poste.

Si la lettre est décachetée, le port reste à la charge de celui qui l'a ouverte.

Les sommes et reconnaissances de versements adressées à des militaires qui sont décédés, qui n'appartiennent plus au corps ou qui en sont absents, doivent être rendues au directeur de la poste, lequel, suivant le cas, les fait parvenir aux ayants droit ou les tient à leur disposition.

Toutes les lettres adressées à des militaires déclarés inconnus doivent être remises au trésorier, qui ne devra les rendre au vaguemestre qu'après avoir constaté qu'elles ont été rapprochées du registre matricule.

Le délai pour la remise à la poste des lettres et sommes non distribuées et des reconnaissances de versements est de huit jours.

Réclamations.

194. Les capitaines veillent soigneusement à ce que la remise des lettres et de l'argent adressés aux sous-officiers et soldats sous leurs ordres soit faite avec une scrupuleuse exactitude. S'il y a des réclamations, ils es transmettent au major, qui y fait droit sur-le-champ.

Si des infidélités ont été commises, le major en rend compte au colonel, qui fait punir les coupables suivant les lois.

TITRE II.

DEVOIRS GÉNÉRAUX ET COMMUNS
AUX DIVERS GRADES.

CHAPITRE XXII.

RAPPORT JOURNALIER.

195. Tous les matins les sergents-majors présentent à leurs capitaines le rapport des vingt-quatre heures, contenant la situation de la compagnie, les demandes et punitions des sous-officiers, des caporaux et soldats, et toutes les mutations.

Le capitaine vérifie et signe le rapport, après y avoir ajouté les demandes des officiers de la compagnie, ainsi que ses observations.

Les sergents-majors remettent à l'adjudant de leur bataillon ces rapports et les pièces à l'appui des mutations, au moins une heure avant celle de la réunion du rapport.

Chaque adjudant, secondé par le fourrier de semaine, établit le rapport de son bataillon, le signe et l'envoie à l'adjudant de semaine. Le fourrier en fait une seconde expédition pour le chef de son bataillon; à l'heure indiquée, il porte au major les rapports des compagnies avec les pièces à l'appui des mutations.

Lorsque l'adjudant de semaine a reçu tous les rapports, il établit la situation du régiment, en portant à la suite de celle du premier bataillon le total de la situation de chacun des autres bataillons; il inscrit au dos le relevé du rapport de la garde de police.

A l'heure fixée, l'adjudant-major fait battre pour le rapport. Le capitaine et l'adjudant-major de semaine, le médecin-major, l'adjudant de semaine, le sous-chef de musique, les sergents-majors et le tambour-major se réunissent dans la salle du rapport. Le chef de bataillon de semaine s'y trouve, prend connaissance des rapports et recueille tous les renseignements.

A l'arrivée du lieutenant-colonel, les rapports sont lus à haute voix par l'adjudant-major ou l'adjudant. Le lieutenant-colonel se rend ensuite chez le colonel, accompagné du chef de bataillon, du capitaine, de l'adjudant-major et de l'adjudant de semaine. Le colonel prononce sur tous les objets contenus au rapport.

L'adjudant-major fait prendre par l'adjudant et prend lui-même une note écrite de toutes les décisions du colonel; l'adjudant retourne sur-le-champ au quartier pour les communiquer aux sergents-majors; il informe les autres adjudants des ordres qui concernent leur bataillon; les adjudants en instruisent de suite leur chef de bataillon, et lui remettent la copie du rapport du bataillon; ils préviennent l'adjudant-major et le médecin des ordres qui les regardent. Le trésorier et le porte-drapeau sont prévenus par l'adjudant de semaine, verbalement ou par écrit.

Les sergents-majors vont rendre compte aux capitaines des décisions du colonel; ils font communiquer aux officiers de la compagnie, par le sergent ou par le caporal de semaine, les ordres qui concernent ces officiers.

Le rapport de la compagnie hors rang est conforme à celui des autres compagnies; il est signé par l'officier d'habillement et présenté au trésorier, qui inscrit au dos les mutations du grand état-major. Ce rapport est transcrit sur celui du premier bataillon; si le régiment est divisé, la compagnie hors rang figure sur le rapport du bataillon qui se trouve avec l'état-major.

Lorsque le régiment occupe plusieurs casernes, un

adjudant ou un sergent-major par caserne accompagne le lieutenant-colonel chez le colonel, afin de recevoir de l'adjudant de semaine les décisions sur le rapport et les ordres donnés par le colonel, et les communiquer immédiatement aux sergents majors des compagnies logées avec lui.

CHAPITRE XXIII.

MARQUES EXTÉRIEURES DE RESPECT.

Devoirs généraux.

196. Tout militaire doit en toutes circonstances, même hors du service, de la déférence et du respect aux grades qui sont supérieurs au sien, quels que soient l'arme et le corps auxquels appartiennent ceux qui en sont revêtus.

L'inférieur prévient le supérieur en le saluant le premier ; le supérieur rend le salut.

Le salut est dû par tous les sous-officiers, caporaux et soldats, aux officiers en uniforme, sans aucune distinction de tenue.

Il est dû, à égalité de grade, aux membres de l'armée décorés de la Légion d'honneur ou de la médaille militaire [1].

Formes du salut.

197. Le salut des officiers consiste à porter la main droite au shako, ou à se découvrir lorsqu'ils sont en képi.

---

[1] Les gendarmes médaillés ne recevront pas le salut des sous-officiers et caporaux des autres armes non médaillés, et réciproquement, les sous-officiers et caporaux décorés de la médaille militaire ne devront pas exiger le salut des gendarmes qui n'ont pas cette décoration.

Les sous-officiers et les soldats saluent en portant la main droite au côté droit de la visière du shako ou du képi, la paume de la main en dehors, le coude à la hauteur de l'épaule.

Tout sous-officier ou soldat qui est assis se lève pour saluer un officier et se tourne de son côté.

Le salut ne se renouvelle pas dans une promenade ou dans tout autre lieu public.

Lorsque les officiers sont en shako, ils ne se découvrent chez leur supérieur qu'après l'avoir salué; les sous-officiers et les soldats ne se découvrent que lorsque le supérieur les y autorise.

Tout sous-officier ou soldat parlant à un officier prend une attitude militaire; s'il est en képi, il le tient à la main jusqu'à ce que l'officier l'autorise à se couvrir.

Salut à l'égard des officiers de l'Intendance militaire et des fonctionnaires civils.

198. Les officiers de l'intendance militaire ont droit au salut des militaires. Y ont encore droit les fonctionnaires civils en costume, les officiers de santé militaires et les vétérinaires militaires.

Le chef de musique a droit au salut de tous les hommes de troupe.

Le sous-chef de musique a droit au salut des sergents, caporaux et soldats.

Les soldats-musiciens sont tenus au salut envers les officiers, le chef et le sous-chef de musique et les sous-officiers [1].

Plantons et ordonnances.

199. En passant près des officiers, les plantons et les sous-officiers et soldats envoyés en ordonnance

---

[1] Les musiciens de 1re et de 2e classe qui existent encore dans les régiments sont tenus au salut envers les officiers, le chef et le sous-chef de musique et les adjudants sous-officiers. Ils n'ont droit eux-mêmes à aucun honneur.

portent l'arme sans s'arrêter. Quand ils sont chargés d'une dépêche, ils la remettent de la main gauche, et vont attendre à quelques pas de distance, et reposés sur l'arme, la réponse ou le reçu. Si la dépêche est remise à un officier général ou supérieur, le planton présente l'arme, la contient de la main gauche, et remet la dépêche de la main droite.

CHAPITRE XXV.

MODE DE RÉCEPTION DES SOUS-OFFICIERS ET CAPORAUX.

Nominations mises à l'ordre.

201. Les nominations de sous-officiers et de caporaux, ainsi que l'admission des sous-officiers, des caporaux et soldats à la 1re classe, sont mises à l'ordre du régiment.

Réception des sous-officiers et caporaux.

203. Les adjudants sont reçus à la garde montante par l'adjudant-major de semaine, en présence des sous-officiers de leur bataillon.

Les sergents-majors, les sergents, les fourriers et les caporaux sont reçus par le capitaine la première fois que la compagnie prend les armes.

Le tambour-major, les caporaux-tambours et les caporaux-clairons sont reçus à la garde montante par l'adjudant-major de semaine; le tambour-major en face de tous les tambours et clairons, les caporaux en face des tambours et clairons de leur bataillon.

Le sous-officier ou caporal qui doit être reçu se place à la gauche de celui qui le fait recevoir; l'un et l'autre prennent la position du port d'arme; ils font face à la troupe. Celui qui reçoit fait porter les armes et prononce à haute voix la formule suivante:

Pour la réception du sergent-major : «De par la «loi, sous-officiers, caporaux et soldats, vous recon- «naîtrez pour sergent-major M..... et vous lui obéirez «en tout ce qu'il vous commandera pour le bien du «service et pour l'exécution des règlements mili- «taires.» Le sergent-major a le sabre à la main.

Il est battu un roulement pour la réception des adjudants. L'adjudant qui est reçu a également le sabre à la main.

La réception des chefs et sous-chefs de musique, ainsi que celle des musiciens, est constatée seulement par la voie de l'ordre.

CHAPITRE XXVI.

CONSIGNE GÉNÉRALE POUR LA GARDE DE POLICE.

Dispositions générales.

204. Il y a toujours au quartier une garde de police dont la force est déterminée suivant les localités; elle défile au quatier.

Elle ne reçoit de consignes verbales et journalières que des officiers supérieurs, de l'adjudant-major ou de l'adjudant de semaine; elle n'en reçoit d'écrites et de permanentes que du commandant du régiment.

Les devoirs généraux prescrits par le décret sur le service des places sont applicables à la garde de police.

La consigne générale pour la garde de police est affichée dans le corps-de-garde.

DEVOIRS DU SERGENT DE GARDE.

Le sergent est responsable du service.

205. Le sergent est responsable de la ponctualité avec laquelle le caporal et les sentinelles remplissent

leurs devoirs; il leur fait souvent répéter leurs consignes. Il est chargé, sous les ordres de l'adjudant de semaine, de faire exécuter toutes les batteries du service journalier.

Visite des salles de discipline; consignés.

206. Il visite matin et soir les salles de police, les prisons et les cellules de correction; il reçoit les demandes des détenus; il fait prévenir les officiers et les sous-officiers auxquels les prisonniers désirent adresser des réclamations.

Il fait fréquemment l'appel des consignés.

Propreté du quartier,

207. Une demi-heure après le réveil, il rassemble les détenus et les consignés et leur fait balayer les cours et les latrines; lorsque leur nombre n'est pas suffisant, il demande des hommes de corvée aux caporaux de semaine.

Surveillance de la tenue de la troupe.

208. Lorsqu'il n'y a pas à la porte du quartier un sergent de planton, chargé spécialement de surveiller la tenue, cette surveillance appartient au sergent de garde; il ne laisse sortir aucun sous-officier, caporal ou soldat que dans la tenue prescrite.

Étrangers entrant au. quartier.

209. Lorsqu'un étranger se présente pour entrer au quartier, le sergent le fait conduire à l'un des adjudants. Il refuse l'entrée aux gens sans aveu et aux femmes qui lui paraissent suspectes.

Devoirs après la retraite.

210. A l'appel du soir, il fait fermer par le caporal les portes du quartier.

A 10 heures il fait faire le roulement pour éteindre les lumières; il indique dans son rapport les chambres dans lesquelles il a été obligé de passer pour les faire éteindre.

Pendant la nuit il fait des rondes autour du quartier pour voir si tout est tranquille; il en fait faire quelquefois par le caporal.

Après l'appel les caporaux et les soldats ne peuvent plus rentrer sans se présenter au sergent, qui retire leurs permissions. Les sous-officiers qui rentrent après cet appel doivent également se présenter à lui.

Secours du médecin-major.

211. Le sergent remet au médecin-major, lorsque celui-ci vient le matin faire sa visite au quartier, les billets que les sergents-majors ont fait déposer au corps de garde. Si dans la nuit il est averti que quelqu'un ait besoin de prompts secours, il envoie aussitôt appeler le médecin-major ou un de ses aides par un homme de garde intelligent.

La garde défère aux réquisitions de l'autorité.

212. Il fait marcher une partie de la garde sur la demande de tout militaire en grade; il défère aux réquisitions des officiers de police judiciaire et civile, et même des habitants lorsqu'il s'agit de rétablir l'ordre et d'arrêter ceux qui le troublent. Dans aucun cas il ne marche lui-même et ne dégarnit son poste de plus de la moitié de sa force.

Registres des rapports journaliers.

213. Il y a dans chaque corps de garde de police un registre destiné à l'inscription des consignes qui doivent durer plusieurs jours, des entrées et des sorties des salles de discipline, des rentrées au quartier après l'appel ou après les heures portées sur les permissions,

de: rondes, des patrouilles, et des événements qui doivent être mentionnés au rapport.

Ce registre est signé le matin par le sergent, qui le porte à l'adjudant de semaine une demi-heure après le réveil; l'adjudant le vise; le chef de bataillon de semaine l'arrête le dimanche.

L'indication du logement des officiers du régiment et des médecins est inscrite en tête de ce registre; l'adjudant de semaine y mentionne les changements à mesure qu'ils surviennent.

Garde de police commandée par un officier.

214. Lorsque la garde de police est commandée par un officier, cet officier assure, de concert avec l'adjudant-major de semaine, la tranquillité du quartier et l'exécution de la présente consigne; le sergent continue à être chargé, sous la surveillance de l'adjudant, des dispositions concernant les détenus, la propreté du quartier, la surveillance de la tenue et l'exactitude des batteries.

DEVOIRS DU CAPORAL DE GARDE.

215. Dès que le caporal a pris possession du poste, il va reconnaître les salles de discipline et vérifier le nombre des détenus; il ne laisse entrer dans les salles et n'en fait sortir qui que ce soit sans l'ordre du sergent de garde. Il ne peut en confier les clefs qu'au sergent.

Il fait porter la soupe à tous les détenus en même temps; il est présent pendant qu'ils la mangent; il s'oppose à ce qu'il leur soit porté de la lumière, des pipes, du vin ou de l'eau-de-vie.

Il empêche les soldats de communiquer avec les détenus.

Il visite les salles de discipline matin et soir; il reconnaît les dégradations, voit s'il n'y a pas de malades, fait vider les baquets, balayer et renouveler l'eau dans les cruches.

Les salles doivent être aérées deux fois par jour, en prenant les précautions nécessaires pour empêcher l'évasion des détenus.

DEVOIRS DU TAMBOUR ET DU CLAIRON DE GARDE.

216. Le tambour et le clairon de garde exécutent, sous la direction du sergent, toutes les batteries du service journalier et celles qui sont ordonnées par les officiers supérieurs, le capitaine, l'adjudant-major ou l'adjudant de semaine.

DEVOIRS DE LA SENTINELLE.

Alertes et honneurs.

217. Les sentinelles de la garde de police ont les mêmes alertes et rendent les mêmes honneurs que les sentinelles des postes de la place. Celle qui est devant les armes crie : *Hors la garde*, lorsque le colonel, ou l'officier supérieur qui commande en son absence, vient au quartier ; la garde sort sans armes.

Paquets portés ou jetés hors du quartier.

218. La sentinelle placée à la porte du quartier s'oppose à ce qu'aucun soldat sorte avec un paquet ou avec un fusil sans être accompagné d'un caporal ; elle ne laisse de même sortir aucun étranger porteur d'armes ou d'effets, sans l'autorisation du sergent. Si l'on jette dehors un paquet, elle en avertit le sergent ou le caporal de garde.

Propreté du quartier.

219. Elle ne permet pas de jeter ou de faire des ordures près du poste ni dans l'intérieur du quartier.

Entrée d'étrangers au quartier; entrées et sorties après l'appel.

220. Elle ne laisse entrer aucun étranger ni aucun militaire d'un autre corps sans l'autorisation du sergent; après l'appel du soir, elle fait passer au corps de garde les militaires de tout grade qui rentrent au quartier; elle empêche de sortir sans le consentement du sergent.

Lumières à faire éteindre.

221. Si elle aperçoit des lumières dans les chambres après la batterie pour les éteindre, elle en avertit le sergent.

CHAPITRE XXVIII.

ÉCOLES.

230 à 235. Il est institué dans chaque compagnie une école de lecture et d'écriture sous la direction et la responsabilité du capitaine. On y enseigne également les éléments du calcul comprenant les quatre règles.

Tous les sous-officiers et les caporaux proposés pour l'avancement suivent les cours dits du second degré; les sous-officiers qui aspirent à l'épaulette, les caporaux et les soldats les plus intelligents suivent des cours facultatifs faits par plusieurs officiers chargés d'enseigner, l'un l'histoire et la géographie, un autre l'arithmétique et la géométrie, un troisième la topographie et la fortification.

L'école d'escrime, placée sous la surveillance générale d'un officier supérieur, est gratuite et obligatoire pour tous les militaires du régiment. Un officier du grade de capitaine ou de lieutenant est chargé de la direction spéciale de ce service. Les hommes sont conduits à la salle d'escrime par le sergent de semaine, qui marque les absents et rend à l'officier de semaine un compte scrupuleux des motifs d'absence. L'enseignement est donné par un sous-officier maître d'escrime secondé par des adjoints, dont l'un est caporal, brevetés maîtres ou prévôts, et subsidiairement par des élèves prévôts. Les maîtres d'escrime des corps ne peuvent être choisis que parmi les militaires qui auront obtenu un brevet spécial de maître à l'école normale de gymnastique.

Tous les militaires du régiment sont également exercés à la gymnastique et à la natation.

La danse, la canne, le bâton, la boxe, qui sont de nature à développer l'agilité et l'adresse du soldat, sont encouragés. Les maîtres et prévôts de ces différents exercices sont payés à raison de 3 centimes par homme et par leçon, prélevés sur le sou de poche.

CHAPITRE XXIX.

TRAVAILLEURS.

Tout soldat peut être requis de travailler pour le régiment.

236. Les soldats qui peuvent être utilisés dans les ateliers du régiment sont obligés d'y travailler momentanément, lorsque cela est jugé nécessaire. Ils sont pris, autant que possible, parmi les hommes admis à l'école de bataillon.

Toutes les fois qu'un soldat en reçoit l'ordre, il est tenu d'exercer temporairement, dans l'intérêt du régiment, la profession qu'il avait avant son entrée au service.

Travailleurs en ville.

237. Le nombre des travailleurs en ville est subordonné aux besoins du service et déterminé par le colonel. Il n'est accordé aucune permission de travail lorsque le service de la place ne laisse pas quatre nuits de repos aux soldats.

Comment se demandent les permissions
de travailler.

238. Les capitaines ne demandent la permission de travailler que pour des hommes d'une conduite éprouvée, ayant un an de service et dont l'instruction est terminée.

Dans aucun cas un soldat ne peut être employé à un travail qui dégrade la profession des armes.

Prélèvement sur le prix du travail.

239. Les travailleurs en ville versent 15 centimes par jour à l'ordinaire; ils payent 5 francs par mois à l'homme qui fait leur service, ou à l'ordinaire, si toute la compagnie est chargée de le faire, et 1 fr. 50 cent. à celui qui entretient leurs armes et leurs effets, lorsqu'ils ne le font pas eux-mêmes.

Les travailleurs et les hommes qui les remplacent dans leur service remettent à leur capitaine *la moitié du salaire* qu'ils touchent respectivement, jusqu'à ce que leur masse ait atteint le complet.

Tenue des travailleurs.

240. Les travailleurs sont tenus de se pourvoir d'une veste ou d'une blouse ayant le collet de la couleur distinctive du corps avec inscription de son numéro; leurs effets d'ordonnance restent à la chambre; ils ne peuvent porter que le képi.

Rentrée des travailleurs.

241. Ils rentrent tous les soirs à l'appel; ceux que leur travail retient plus tard et ceux qu'il oblige de sortir avant le réveil en demandent l'autorisation.

Ils se trouvent à l'inspection du dimanche, et sont ensuite exercés par un officier désigné à cet effet. Ils se trouvent aux marches militaires et aux manœuvres chaque fois que le colonel l'ordonne.

Ils sont exercés au tir à la cible.

Soldats employés par les officiers.

242. Les officiers ne peuvent employer habituellement aucun soldat à leur service personnel ; il leur est seulement permis d'en prendre un pour l'entretien de leurs armes et de leurs effets d'équipement et pour le pansage des chevaux qui leur sont accordés par le règlement. Ces soldats sont choisis dans la compagnie de l'officier qui les emploie, parmi ceux de 2ᵉ classe qui sont admis à l'école de bataillon ; ils ne sont dispensés ni du service ni de l'instruction. Il leur est payé 3 francs par mois pour l'entretien des armes et des effets d'équipement, et 4 francs pour le pansage de chaque cheval.

Toute autre tenue que celle d'uniforme leur est interdite ; ils sont constamment dans la tenue prescrite pour les autres soldats.

Quand les officiers veulent obtenir l'autorisation de payer le service des soldats qui pansent leurs chevaux, le lieutenant-colonel en fait la demande au rapport, s'il juge qu'elle puisse être accordée sans inconvénient. Dans ces cas, le service de ces soldats est payé 5 francs par mois.

CHAPITRE XXX.

TENUE.

—

Des différentes tenues.

244. Il y a trois tenues dans les régiments :
La tenue du matin,
La tenue du jour,
La grande tenue.

La tenue du matin est permise jusqu'à l'appel de 11 heures. Elle se compose de la capote sans épaulettes et du képi. En été, la veste remplace la capote pour les caporaux et les soldats. Toutes les corvées sont faites en veste et en képi.

La tenue du jour commence à l'appel de 11 heures; elle se compose du shako, du sabre et des épaulettes, et, selon les saisons ou l'ordre du colonel, de la tunique ou de la capote pour les sous-officiers; de la tunique, de la capote ou de la veste pour les caporaux et les soldats.

Les sous-officiers et les soldats qui obtiennent la permission de ne pas se trouver à l'appel de 11 heures se mettent dans la tenue du jour avant de sortir du quartier.

La grande tenue est en tunique; elle se prend les dimanches et les jours de fête, et toutes les fois qu'elle est indiquée par l'ordre du régiment ou de la place. Les hommes de service sont habituellement dans cette tenue, à moins que des motifs particuliers ou la rigueur du froid n'engagent le commandant de la place à ordonner que le service soit fait en capote. Les hommes de garde, pour ménager leurs épaulettes, les ôtent le soir après la retraite et ne les remettent que le lendemain matin au jour. La garde de police est dans la même tenue que les gardes de la place.

Le colonel détermine la tenue pour les exercices et pour toutes les réunions du régiment ou d'une portion du régiment.

Les maîtres-ouvriers sont habituellement dispensés d'être en tenue.

Cheveux et moustaches.

245. Les cheveux des sous-officiers et soldats sont coupés courts, surtout par derrière; ils ne forment jamais de touffes ni de boucles.

Les favoris ne dépassent pas la hauteur de la bouche et ne doivent pas se joindre aux moustaches. Les moustaches et la mouche ne doivent être ni cirées ni graissées. On ne devra pas laisser croître la moustache au delà de la lèvre supérieure, ni la mouche au delà des coins inférieurs de la bouche.

6.

Manière de porter et d'ajuster les effets.

246. Le shako est placé droit et d'aplomb, de ma
nière que le milieu de la visière corresponde à la
ligne du nez. Lorsque la jugulaire est placée sous le
menton, elle doit se trouver en arrière des joues et
attachée court, de manière que la boucle soit sur la
joue droite de l'homme.

Le képi se porte droit, comme le shako. Lorsque
le soldat est chargé, le képi est placé sous la patelette
du sac.

La cravate enveloppe le cou et revient s'attacher
devant par un nœud plat dont les pans sont cachés
par la tunique, la capote ou la veste; elle ne doit
jamais laisser apercevoir la chemise.

La tunique et la veste sont boutonnées dans toute
leur longueur et tirées en bas pour emboîter les
hanches et ne former aucun pli lorsque le soldat est
chargé.

Le pantalon est monté de manière à ne pas faire de
plis sur le cou-de-pied; le derrière, légèrement con-
nexe, descend à environ un centimètre du bord
inférieur de la guêtre; il est porté avec des bretelles.

Le sac doit coller sur le dos, de manière que son
bord supérieur soit à la hauteur des épaules. La capote, pour être placée sur le sac, est roulée en boudin,
sur une longueur telle qu'elle encadre exactement le
dessus et les flancs du sac. Elle se fixe au-dessus par
les deux petites courroies et la grande courroie de
charge, et, au bas des flancs, par les contre-sanglons
à ce destinés. Les boucles de ces courroies ne doivent
pas être apparentes.

Lorsque le soldat est pourvu de la tente-abri, cet
effet est roulé en même temps que la capote, de manière à ne présenter qu'un seul et même rouleau qui
ne laisse paraître au dehors que la toile de la tente-
abri.

L'étui-musette est destiné à renfermer la tunique ou

la veste quand elle est placée sur le sac; alors la partie de l'étui qui excède la tunique, roulée au fond, est repliée autour et la banderole est rentrée en dedans. Ce rouleau, aplati, qui ne doit pas déborder la largeur du havre-sac, est placé dans le paquetage. Cette manière de placer la tunique n'est qu'accidentelle et ne peut jamais constituer un paquetage régulier et de service.

La giberne est habituellement placée sur le plat de la fesse droite. Elle peut se ramener en avant contre le coulant de cuivre du ceinturon.

Le porte-sabre-baïonnette se place à gauche sur la hanche, la patte du ceinturon passant dans l'intervalle des deux branches et boutonnée par-dessus le ceinturon.

Le ceinturon, garni du porte-sabre, se porte hors des armes comme sous les armes. Quand l'homme n'a pas le sac au dos, les deux coulants de support en cuivre sont ramenés en avant contre la plaque.

La poche à cartouches se place en avant sur le côté droit de l'homme.

Les cuirs et surtout les bretelles de sac et de fusil doivent être noircis à l'encaustique, de manière à ne pas tacher l'habillement.

Les armes doivent être déchargées et à l'abattu. Le chien ne doit être mis au cran de sûreté que lorsque l'arme est chargée et qu'on ne veut pas faire feu immédiatement, ou quand l'homme fait l'exercice ou qu'il est en faction.

Les sous-officiers et les soldats qui sont en deuil de famille peuvent porter un crêpe noir au bras gauche.

CHAPITRE XXXI.

REVUES. — REVUES DES INSPECTEURS GÉNÉRAUX.

Revue d'ensemble.

248. Lorsque l'inspecteur général se rend sur le terrain pour la revue d'ensemble, le régiment est en bataille pour le recevoir.

Après que l'inspecteur général a passé devant le régiment, les compagnies sont formées sur un rang, les officiers, sous-officiers et caporaux à la droite; les soldats à leur numéro de contrôle annuel; le grand et le petit état-major, ainsi que la compagnie hors rang, se réunissent à la droite du régiment.

L'inspecteur général fait faire l'appel des sous-officiers et soldats par les sergents-majors, qui se tiennent en arrière du rang formé par la compagnie et à hauteur de l'inspecteur général.

Revue de détail.

249. Lorsque l'inspecteur général passe la revue de détail, les bataillons sont à l'avance formés en colonne par compagnies et sur un rang; les officiers, les sous-officiers et les caporaux sont à la droite de leur compagnie, section, demi-section et escouade, afin de répondre à toutes les questions que l'inspecteur peut leur adresser concernant le caractère, la conduite, l'instruction et l'état de santé des hommes sous leurs ordres.

Les lieutenants, les sous-lieutenants et les sergents sont porteurs du livret de leur section, les sergents-majors et les fourriers des registres de la compagnie.

À moins d'un ordre contraire, les sacs sont mis à terre et ouverts de manière que l'inspecteur puisse aisément vérifier tout ce qu'ils contiennent; le livret de chaque homme est placé sur son sac.

REVUES DES GÉNÉRAUX.

Revues mensuelles et trimestrielles.

251. Dans les revues périodiques mensuelles ou trimestrielles passées par les généraux, les régiments sont formés de la manière prescrite pour les revues des inspecteurs généraux.

REVUES DES INTENDANTS ET DES SOUS-INTENDANTS MILITAIRES.

252. Tous les officiers, les sous-officiers et les soldats devant être présents aux revues des intendants et sous-intendants militaires, les postes et les plantons sont relevés par d'autres troupes de la garnison. Lorsque le régiment est seul dans la garnison, des compagnies sont passées en revue les premières; elles vont immédiatement après relever les hommes de service; le surplus du régiment reste sous les armes jusqu'à ce que ceux-ci soient rentrés et aient été passés en revue.

Avant l'arrivée de l'intendant ou du sous-intendant, les compagnies sont formées sur un rang, les officiers, les sous-officiers et les caporaux à la droite; les tambours, les enfants de troupe et les soldats à leur numéro de contrôle annuel; le grand et le petit état-major, ainsi que la compagnie hors rang, à la droite du régiment.

Lorsque l'intendant ou le sous-intendant a fait l'appel des officiers d'une compagnie, le sergent-major fait, en arrière du rang, l'appel des sous-officiers et soldats.

Les sergents-majors sont porteurs du livre de compagnie, et les hommes ont le livret dans le sac, afin que l'intendant ou le sous-intendant puisse vérifier pendant sa revue, quand il le croit utile, la situation des effets d'habillement, de grand et de petit équipement et d'armement.

CHAPITRE XXXII.

PERMISSIONS POUR LES SOUS-OFFICIERS, LES CAPORAUX ET LES SOLDATS.

Exemptions de l'appel de 11 heures et de la soupe.

258. Les exemptions de l'appel de 11 heures sont accordées, soit par l'officier de semaine, soit par le sergent-major. En leur absence, elles peuvent être accordées aux caporaux et soldats par le sergent de semaine. Ces deux sous-officiers en rendent compte à l'officier de semaine, qui en informe l'adjudant-major et le capitaine de la compagnie.

Les permissions pour manquer à la soupe sont accordées par le caporal de chambrée, qui en rend compte au sergent de semaine.

Exemptions de l'appel du soir.

259. Les exemptions d'appel du soir sont accordées par le capitaine; elles sont demandées au sergent-major, qui les lui soumet lorsqu'il lui porte le rapport; elles sont signées par le capitaine et contre-signées par l'adjudant de semaine; ceux qui les obtiennent les remettent au sergent de la garde de police en rentrant au quartier.

Si, dans le courant de la journée, un caporal ou un soldat a besoin de l'exemption de l'appel du soir, il s'adresse au sergent-major, qui la demande à l'officier de semaine; celui-ci est autorisé à l'accorder lorsqu'il en reconnaît l'urgence. Dans ce cas, elle est signée par lui; il en rend compte à l'adjudant-major; le sergent-major en rend compte au capitaine le lendemain matin.

Exemptions d'exercice.

260. Les exemptions d'exercice et de manœuvres sont accordées aux sous-officiers, aux caporaux et aux soldats par le capitaine, sur la demande de l'officier de semaine ou du sergent-major; le capitaine en rend compte au chef de bataillon. Lorsque ces exemptions doivent durer plus d'un jour, elles sont demandées au rapport.

Permissions pour découcher ou pour quitter la garnison.

261. Les permissions pour découcher sans quitter la garnison sont demandées au rapport.

Les permissions de s'absenter de la garnison sont demandées par les capitaines et accordées dans les limites suivantes :

Par le chef de corps, huit jours avec solde de congé;

Par le général de brigade, quinze jours avec solde de congé;

Par le général de division, trente jours avec solde de congé;

Permissions permanentes pour les sous-officiers.

262. Les sergents et les fourriers, lorsqu'ils ne sont pas de semaine, sont dispensés de se trouver à l'appel du soir; tous les sous-officiers qui ne sont pas de semaine sont autorisés à ne rentrer au quartier qu'une heure après cet appel. Le colonel retire cette permission lorsqu'il en est fait abus ou que le service l'exige.

Lorsque après l'appel du soir les sous-officiers sortent du quartier ou y rentrent, ils sont tenus de se présenter au sergent de la garde de police.

Les punitions privent d'exemptions et de permissions.

263. Hors le cas de nécessité reconnue, les exemptions et les permissions ne sont accordées qu'à des hommes dont la conduite est habituellement régulière.

Tout sous-officier, caporal ou soldat qui a été puni de la cellule de correction, de la prison ou de la salle de police, est privé de permission pendant le reste de la semaine et le dimanche suivant.

Dispositions communes aux divers grades.

264. Le nombre des permissions et des exemptions d'exercice est limité par le colonel, lorsqu'il le juge nécessaire.

Les permissions accordées pour la journée et au delà sont mentionnées au rapport

CHAPITRE XXXIII.

PUNITIONS.

Fautes contre la discipline.

265. Sont réputés fautes contre la discipline et punis comme telles, suivant leur gravité :

De la part du supérieur : tout propos injurieux, toute voie de fait envers un subordonné, toute punition injustement infligée;

De la part de l'inférieur : tout murmure, mauvais propos ou défaut d'obéissance, quelque raison qu'il croie avoir de se plaindre; l'ivresse dans tous les cas, même quand elle ne trouble pas l'ordre; le dérangement de conduite; les dettes; les querelles entre militaires ou avec des citoyens; le manque aux appels, à l'instruction, aux différents services; les contraventions aux ordres et aux règles de police; enfin toute faute contre le devoir militaire, provenant de négligence, de paresse ou de mauvaise volonté.

Les fautes sont toujours plus graves quand elles sont réitérées et surtout habituelles, et quand elles ont lieu pendant la durée du service, ou lorsqu'il s'y joint quelque circonstance qui peut porter atteinte à l'honneur ou entraîner du désordre.

Tout supérieur qui rencontre un inférieur pris de vin, ou troublant la tranquillité publique, ou dans une tenue indécente, doit employer son influence et même son autorité pour le faire rentrer dans l'ordre, à quelque corps ou à quelque arme qu'il appartienne.

Toutefois il doit, autant que possible, éviter de se commettre avec lui, particulièrement lorsque l'inférieur est dans l'ivresse; il cherche à le faire arrêter par ses camarades, et, au besoin, par la garde.

A moins de nécessité absolue, la punition encourue par un homme ivre ne doit lui être infligée que lorsque l'état d'ivresse a cessé.

L'ivresse ne pourra en aucun cas être invoquée comme une circonstance atténuante.

Est également réputée faute contre la discipline, la publication d'un écrit quel qu'il soit, sans l'autorisation préalable du Ministre, hiérarchiquement demandée et obtenue.

Droit de punir.

266. En ce qui concerne le service et l'ordre public, tout militaire peut être puni par un militaire d'un grade supérieur au sien, quels que soient l'arme et le corps de celui-ci.

Nul ne peut être puni de plusieurs peines de discipline simultanément ni successivement, pour une seule et même faute.

Tout supérieur qui inflige une punition à un militaire d'un autre régiment en rend compte sur-le-champ au commandant de la place, qui en informe le chef du corps auquel appartient le militaire puni.

Impartialité dans les punitions.

267. Les punitions doivent être proportionnées non-seulement aux fautes, mais encore à la conduite habituelle de chaque homme, au temps de service qu'il a accompli et à la connaissance qu'il a des règles de la discipline. Elles doivent être infligées avec justice et impartialité, et jamais par aucun sentiment de haine ni de passion.

Le supérieur doit s'attacher à prévenir les fautes; lorsqu'il est dans l'obligation de punir, il recherche avec soin toutes les circonstances atténuantes. En infligeant une punition, il ne se permet jamais des propos outrageants; le calme du supérieur fait connaître qu'en punissant il n'est animé que par le bien du service et le sentiment de son devoir.

PUNITIONS DES SOUS-OFFICIERS.

Nature des punitions.

280. Les punitions à infliger aux sous-officiers sont :

La privation de sortir du quartier après l'appel du soir ;

La consigne au quartier ou dans la chambre ;

La salle de police ;

La prison.

Pour les fautes de tenue, soit personnelles, soit relatives à leur troupe, les sous-officiers sont punis de la consigne.

Pour les fautes contre la discipline intérieure, ils sont punis de la salle de police.

Pour les fautes plus graves, entre autres celles qu'ils commettent pendant un service armé ou en état d'ivresse, ils sont punis de la prison.

La punition de la consigne ne peut être infligée pour plus de trente jours; il en est de même de la punition de la salle de police. La prison ne peut être infligée pour plus de quinze jours.

Par qui ordonnées.

281. Les punitions sont ordonnées aux sous-officiers de la manière suivante :

Par les sergents-majors, quatre jours de consigne ou deux de salle de police;

Par le sergent-major, dans sa compagnie, par les adjudants, les sous-lieutenants ou les lieutenants, huit jours de consigne ou quatre de salle de police;

Par les adjudants-majors ou par les capitaines, quinze jours de consigne, ou huit de salle de police, ou quatre de prison;

Par le capitaine dans sa compagnie ou par les officiers supérieurs, trente jours de consigne, ou quinze de salle de police, ou huit de prison.

Le colonel peut ordonner jusqu'à trente jours de salle de police ou quinze de prison.

Les punitions à infliger aux sous-officiers de l'état-major et à ceux de la compagnie hors rang sont prononcées, pour ce qui regarde leur service spécial, par les officiers qui en ont la direction; pour tout autre objet, elles le sont par tout supérieur en grade.

Le sous-chef de musique est punissable pour les fautes contre la discipline, par les officiers desquels il relève (le sous-chef relève du chef de musique et de tous les officiers), dans les conditions et les limites déterminées ci-dessus pour chaque grade et chaque position.

Le sous-chef de musique a, à l'égard des musiciens, le droit de punition dévolu aux adjudants sous-officiers.

Lorsque le chef ou le sous-chef de musique ont à se plaindre d'un sous-officier, caporal ou soldat, ils adressent une plainte à l'adjudant-major de semaine ou au commandant de la compagnie, qui font droit, s'il y a lieu.

Les soldats-musiciens sont subordonnés d'une manière absolue, pour tous les détails du service, tant spécial que militaire, au chef de musique et subsidiairement au sous-chef. Ils relèvent, en outre, quant au service militaire, de tous les officiers, adjudants et sous-officiers [1].

Consignés.

282. Les sous-officiers consignés ne sont dispensés d'aucun service ; lorsque leur service exige qu'ils sortent du quartier, ils en préviennent l'adjudant de semaine, et reprennent leur punition aussitôt après.

Salle de police ; prison.

283. Tout service est interdit aux sous-officiers à la salle de police ou en prison. Ceux qui sont à la salle de police assistent, dans la même tenue que les autres sous-officiers, à toutes les classes d'instruction auxquelles ils sont attachés. Ceux qui sont en prison n'y assistent pas.

PUNITIONS DES CAPORAUX ET DES SOLDATS.

Nature des punitions.

284. Les punitions à infliger aux caporaux et soldats sont :

La consigne au quartier ;
La salle de police ;
La prison ;
La cellule de correction ;
L'interdiction de porter le sabre.

---

[1] Les musiciens de 1re, 2e et 3e classe qui existent encore dans les régiments ne relèvent que du chef, du sous-chef de musique, des officiers, des adjudants sous-officiers.

Pour les fautes légères dans les chambrées, pour irrégularité dans la tenue, pour négligence ou paresse à l'instruction, pour manque aux appels de la journée, les caporaux et soldats sont punis par la consigne ; les soldats peuvent l'être aussi par une ou plusieurs corvées.

Pour négligence dans l'entretien de leurs effets ou de leurs armes, les soldats sont punis par un ou plusieurs jours d'inspection avec la garde.

Pour manque à l'appel du soir, pour mauvais propos, désobéissance, querelle, ivresse, les caporaux et soldats sont punis de la salle de police.

Pour les fautes plus graves, particulièrement lorsqu'elles sont commises pendant un service armé ou en état d'ivresse, ils sont punis de la prison ou même de la cellule de correction.

Pour avoir tiré le sabre dans des rixes particulières, ils sont pour un temps déterminé, et indépendamment des autres punitions qu'ils peuvent avoir encourues, privés de la faculté de porter cette arme, même, si le cas est grave, pendant le service.

Toutefois, s'ils sont sévèrement punissables pour avoir tiré le sabre sans être attaqués, ils ne doivent pas hésiter à s'en servir lorsqu'ils sont dans le cas de légitime défense.

La punition de la consigne ne peut être infligée pour plus de trente jours ; il en est de même de la punition de la salle de police.

La prison ne peut être infligée pour plus de quinze jours, la cellule de correction ne peut l'être que pour huit et en déduction d'autant de jours de prison.

Par qui ordonnées aux caporaux.

285. Les punitions sont ordonnées aux caporaux de la manière suivante :

Par les sous-officiers, quatre jours de consigne ou deux de la salle de police ;

Par le sergent-major dans sa compagnie, par les adjudants, les sous-lieutenants ou les lieutenants, huit jours de consigne ou quatre de salle de police, et huit jours d'interdiction de port du sabre;

Par les adjudants-majors ou les capitaines, quinze jours de consigne, ou huit de salle de police, ou quatre de prison, et quinze jours d'interdiction de port du sabre;

Par le capitaine dans sa compagnie, ou par les officiers supérieurs, trente jours de consigne, ou quinze de salle de police, ou huit de prison, et trente jours d'interdiction de port du sabre.

Le colonel peut infliger trente jours de salle de police, ou quinze de prison, et ordonner la cellule de correction. Il peut interdire le port du sabre pendant soixante jours. Les militaires privés du port du sabre subissent cette punition en ne portant pas le ceinturon hors du service.

Les caporaux sont mis dans les mêmes salles de police et prison que les sous-officiers. L'adjudant puni de salle de police est détenu dans un local à part.

Par qui ordonnées aux soldats.

286. Les corvées et l'inspection avec la garde peuvent être ordonnées aux soldats par les autorités de tout grade. Les autres punitions sont ordonnées de la manière suivante :

Par les caporaux, quatre jours de consigne ou deux de salle de police;

Par les sous-officiers, huit jours de consigne ou quatre de salle de police;

Par le sergent-major dans sa compagnie, par les adjudants, les sous-lieutenants ou les lieutenants, quinze jours de consigne ou hu t de salle de police, et quinze jours d'interdiction de port du sabre;

Par les adjudants-majors ou les capitaines, trente jours de consigne, ou quinze de salle de police, ou quatre de prison, et trente jours d'interdiction de port du sabre ;

Par le capitaine dans sa compagnie, ou par les officiers supérieurs, trente jours de consigne ou de salle de police, ou huit de prison, et soixante jours d'interdiction de port du sabre.

Le colonel peut infliger quinze jours de prison, et ordonner la cellule de correction. Il peut interdire le port du sabre indéfiniment [1].

Service des hommes punis.

287. Les caporaux et les soldats consignés ou détenus à la salle de police ne sont dispensés d'aucun service; ils assistent à toutes les classes d'instruction auxquelles ils sont attachés; ils reprennent leurs punitions au retour; les sous-officiers et les caporaux de semaine en sont responsables. Ils sont en outre exercés deux fois par jour et pendant deux heures en peloton de punition, sous le commandement d'un sous-officier désigné à cet effet; ils ne le sont qu'une fois les jours d'exercice du régiment.

Les soldats consignés ou détenus à la salle de police sont employés à toutes les corvées du quartier.

Les caporaux et les soldats punis de prison ne font pas de service, mais ils assistent pendant trois heures le matin et trois heures le soir à un peloton de punition spécial, et les soldats sont, en outre, employés

---

[1] Dans les compagnies de discipline, les caporaux, les sous-officiers et les officiers pourront infliger aux soldats disciplinaires des punitions d'une durée double de celle que les militaires des mêmes grades ont le droit d'ordonner, d'après l'article 286, sans toutefois que la limite fixée par l'article 284 pour chacune des punitions qui y sont énoncées puisse être dépassée.

Les commandants des compagnies dont il s'agit auront le droit d'infliger aux disciplinaires les mêmes punitions qu'un colonel peut infliger dans un régiment en vertu de l'article 286. (Décision royale du 6 janvier 1844.)

7

aux corvées de propreté du quartier les plus pénibles. Les centimes de poche des uns et des autres sont versés en totalité aux ordinaires dont ils font partie. Il en est de même des rations de vin, d'eau-de-vie, de sucre et de café, dont l'usage leur est éntièrement interdit.

Les soldats punis de la cellule de correction reçoivent comme nourriture le pain et deux soupes dont une sans viande; ce régime n'est pas applicable aux caporaux.

Dans les prisons comme dans les cellules de correction, les hommes ne reçoivent qu'une couverture; toutefois, dans des circonstances exceptionnelles de température, le chef de corps peut y faire ajouter la paille de couchage et une demi-couverture. En aucun cas il ne leur sera délivré de demi-fourniture.

Les punitions disciplinaires de prison seront toujours subies au corps.

Dispositions communes aux sous-officiers, caporaux et soldats.

288. Tout officier, sous-officier ou caporal qui inflige une punition doit en faire informer le capitaine par le sergent-major de la compagnie à laquelle appartient l'homme puni, en indiquant le motif de la punition et le jour auquel elle expire.

A l'expiration des punitions, l'adjudant de semaine fait élargir les hommes punis et les fait conduire à leur compagnie par les caporaux de semaine.

Lorsque des sergents et des caporaux sont chefs de poste, ils peuvent infliger aux hommes de service sous leurs ordres les punitions que les lieutenants sont autorisés à ordonner par les articles 285 et 286.

Les capitaines peuvent dans leur compagnie augmenter les punitions infligées par leurs subordonnés; ils en rendent compte. Lorsqu'il y a lieu à diminuer la punition, ils en font la demande par la voie du rapport.

Les médecins peuvent infliger la consigne ou la salle de police aux sous-officiers, aux caporaux et aux soldats; ils en rendent compte au lieutenant-colonel, qui, sur leur demande, fixe la durée de la punition et la fait porter au rapport.

SUSPENSION, RÉTROGRADATION ET CASSATION DES SOUS-OFFICIERS ET DES CAPORAUX. FORMÉS POUR FAIRE DESCENDRE À LA 2ᵉ CLASSE LES SOUS-OFFICIERS, CAPORAUX ET SOLDATS, SOUS-CHEF DE MUSIQUE ET MUSICIENS.

Suspension, rétrogradation et cassation.

289. Les sous-officiers et les caporaux peuvent être suspendus de leurs fonctions pendant un temps déterminé qui n'excédera pas deux mois; ils seront astreints pendant ce temps au service du grade inférieur.

Les adjudants peuvent être replacés dans l'emploi de sergent-major ou celui de sergent; les sergents-majors, dans l'emploi de sergent; le sergent, dans le grade de caporal.

Enfin, les sergents-majors, les sergents et les caporaux peuvent être cassés et replacés dans les rangs des soldats.

Les suspensions sont prononcées par le commandant du régiment.

Les sergents-majors suspendus de leurs fonctions reprennent, pendant la durée de leur punition, le fusil et l'équipement des sergents, dont ils remplissent les fonctions.

Lorsqu'il y a lieu de faire descendre un sous-officier au grade ou à l'emploi inférieur, le capitaine de la compagnie, ou, s'il s'agit d'un adjudant, l'adjudant-major du bataillon, dresse une plainte qui est remise au colonel, après avoir été revêtue de l'avis du chef de bataillon, de celui du lieutenant-colonel, et, si les faits sont relatifs à l'administration, de celui du major. Cette plainte doit être accompagnée du relevé des punitions et de l'état des services du sous-officier. Les rétrogradations sont prononcées par le général de brigade.

La cassation portant atteinte à toute la carrière militaire, ne doit être employée qu'avec la plus grande circonspection, et pour les fautes très-graves ou l'incorrigibilité bien reconnue.

Un sous-officier ou caporal est de droit privé de son grade lorsqu'il est condamné correctionnellement [1].

Lorsqu'il y a lieu de casser un sergent-major, un sergent ou un caporal, on suit la marche qui vient d'être tracée pour faire descendre un sous-officier au grade ou à l'emploi inférieur.

La cassation d'un caporal est prononcée par le général de brigade.

La cassation d'un sergent, d'un sergent-major ou d'un adjudant est prononcée par le général de division.

Lorsque des sous-officiers et des caporaux sont membres de la Légion d'honneur, ou décorés de la médaille militaire, ils ne peuvent être cassés que d'après l'autorisation du Ministre de la guerre et sur la proposition du général de division ; dans tous les cas, ils peuvent être suspendus de leurs fonctions.

Les règles tracées pour les cassations et les rétrogradations par mesure de discipline sont applicables aux demandes de rétrogradations volontaires des sous-officiers et caporaux.

Les sous-officiers, les caporaux et les soldats de 1re classe sont remis de 2e classe sur l'ordre du colonel,

---

[1] Toutefois, lorsque la peine prononcée sera de trois mois de prison ou au-dessous, on pourra, par exception, demander au Ministre la conservation du grade du militaire condamné.

d'après le rapport du capitaine, l'avis du chef de bataillon et celui du lieutenant-colonel.

En cas d'inconduite habituelle ou de négligence dans l'accomplissement du service, le Ministre prononce la révocation des sous-chefs de musique, qui redeviennent soldats-musiciens. Les musiciens peuvent être, en raison des mêmes motifs, renvoyés dans le rang par les généraux de brigade pour y servir comme simples soldats.

Comment exécutées.

290. Les suspensions sont mises à l'ordre, ainsi que les cassations.

L'ordre annonce aussi quand un sous-officier descend à un grade ou emploi inférieur, et quand un sous-officier, caporal ou soldat de 1re classe est remis de 2e classe.

Les sous-officiers et caporaux cassés passent dans un autre bataillon. Si le bataillon est détaché à plus d'une journée de marche, ils passent seulement dans une autre compagnie.

Les sous-officiers suspendus reçoivent leur nourriture de l'ordinaire de la compagnie.

CHAPITRE XXXIV.
RÉCLAMATIONS.

Dispositions générales.

291. Les réclamations individuelles sont les seules autorisées. Il est expressément interdit à tout militaire d'adresser des réclamations autrement que par la voie hiérarchique.

Réclamations par suite de punitions.

292. Des punitions injustes ou trop sévères pouvant être infligées par suite de rapports inexacts, d'informa-

tions mal prises, ou par des motifs particuliers étrangers au service, les réclamations sont admises, en se conformant aux règles suivantes :

Quel que soit l'objet de la réclamation, elle ne peut être portée qu'aux officiers et aux généraux sous les ordres immédiats desquels se trouve le militaire qui la fait.

Tout militaire recevant l'ordre d'une punition doit d'abord s'y soumettre; les sous-officiers, les caporaux et les soldats peuvent ensuite adresser leurs réclamations à leur capitaine.

Les réclamations relatives aux punitions infligées pendant le service sont, de préférence, adressées à l'adjudant, à l'adjudant-major ou au chef de bataillon de semaine.

Un homme qui réclame étant dans l'ivresse ne peut être entendu.

Les sous-officiers doivent écouter avec calme les réclamations, en vérifier avec soin l'exactitude et y faire droit lorsqu'elles sont fondées; mais ils peuvent infliger une punition nouvelle à celui qui a réclamé sans de justes motifs.

Réclamations relatives a des effets d'habillement ou autres.

293. Quand un sous-officier, un caporal ou un soldat croit avoir à se plaindre de la qualité d'un effet qui lui a été donné, soit à son compte, soit à celui du corps, il le présente sans retard à son capitaine; si sa réclamation n'est pas accueillie, il peut la soumettre au major et même au conseil d'administration.

Manière de réclamer auprès du colonel, des généraux et des fonctionnaires de l'intendance militaire.

294. Dans un cas extraordinaire, les militaires de

tout grade sont autorisés à s'adresser directement au colonel, soit par écrit, soit verbalement.

Ils peuvent également adresser des réclamations par écrit aux généraux, mais seulement après avoir réclamé hiérarchiquement auprès du colonel, à moins que la réclamation ne le concerne personnellement.

Ils peuvent de même, pour des objets concernant l'administration, réclamer verbalement ou par écrit auprès de l'intendant ou du sous-intendant.

Réclamations concernant l'avancement.

295. Les réclamations ayant pour objet l'avancement ou toute autre récompense, doivent, à moins de cas extraordinaires, n'être faites qu'à l'époque de l'inspection générale. Toute réclamation individuelle qui parviendrait au Ministre de la guerre autrement que par la voie hiérarchique entraînerait la punition de celui qui l'aurait adressée.

CHAPITRE XXXVI.

CONSEILS DE DISCIPLINE POUR LES SOLDATS.

Envoi aux compagnies de discipline.

314. Les soldats qui, sans avoir commis des délits justiciables des conseils de guerre, persévèrent néanmoins à porter le trouble et le mauvais exemple dans le régiment, sont désignés au général de division pour être incorporés dans une compagnie de discipline.

Lorsqu'un capitaine juge qu'un soldat de sa compagnie a mérité d'être envoyé dans une compagnie de discipline, il en fait le rapport par écrit à son chef de bataillon, en précisant les fautes ou les contraventions du soldat, les punitions qui lui ont été infligées, et les récidives qui donnent à sa conduite un caractère de persévérance, dangereux pour l'ordre et la police du corps.

Le chef de bataillon adresse ce rapport avec son avis au lieutenant-colonel, qui le transmet au colonel. Le colonel, ou, lorsqu'il est absent, le commandant du régiment, convoque un conseil de discipline, composé d'un chef de bataillon, des trois plus anciens capitaines et des trois plus anciens lieutenants du régiment, pris hors du bataillon auquel appartient le militaire inculpé.

Dans un bataillon détaché hors du département dans lequel le régiment est stationné, le conseil de discipline est convoqué, sur la demande du chef de bataillon, par le général de brigade commandant la brigade ou la subdivision de région dont le bataillon fait partie; il est composé du plus ancien capitaine, des deux plus anciens lieutenants et des deux plus anciens sous-lieutenants, pris hors de la compagnie à laquelle appartient le soldat. Lorsque le bataillon est commandé par un capitaine, le capitaine le plus ancien après lui préside le conseil de discipline.

Dans le cas où un détachement du corps est commandé par le lieutenant-colonel, cet officier supérieur se conforme, pour la convocation des conseils de discipline, aux règles tracées ci-dessus pour le chef de bataillon commandant un détachement.

Le chef et l'adjudant-major du bataillon, ainsi que le capitaine de la compagnie dont fait partie le soldat, sont consultés; lorsqu'ils se sont retirés, le soldat est entendu dans sa défense. Le conseil rédige ensuite son avis motivé et le remet au colonel; si cet avis est défavorable au soldat, le colonel le transmet, avec son opinion particulière, au général de brigade. Il y joint le rapport du capitaine, l'avis du chef de bataillon, l'état signalétique et de services du soldat, et celui de ses punitions. Ces deux états sont en double expédition. Le général de brigade adresse ces pièces, avec son avis, au général de division, qui prononce, et qui, s'il y a lieu, fait diriger le militaire sur une des compagnies de discipline que le Ministre lui a désignées à l'avance. Le militaire attend dans la prison du corps la décision du général de division.

Quand le général de division juge que tous les moyens de répression n'ont pas été épuisés, il ne donne pas suite à la demande du conseil, et peut infliger au soldat que cette demande concerne une punition qui n'excède pas soixante jours de prison. Dans tous les cas on rend compte au Ministre.

CHAPITRE XXXVII.

ASSIETTE DU LOGEMENT; CASERNEMENT.

Logement des compagnies.

316. Soit que le régiment occupe une ou plusieurs casernes, soit qu'il loge chez l'habitant, le logement est assis selon le rang des bataillons entre eux; dans les bataillons selon le rang des compagnies, et dans les compagnies selon le rang des sections, demi-sections et escouades.

Le sergent-major et le fourrier logent ensemble autant que possible, dans une chambre particulière, au centre de la compagnie.

Les sergents logent ensemble.

Logement du petit état-major et de la compagnie hors rang.

317. Les adjudants ont chacun une chambre à portée de leur bataillon; à défaut de chambre particulière, ils logent ensemble.

Le tambour-major et le sous-chef de musique ont chacun une chambre, s'il est possible; dans le cas contraire, ils logent ensemble.

Les caporaux-tambours logent à portée de leur bataillon, séparément ou ensemble, et même, lorsque les localités l'exigent, avec les sapeurs.

Les musiciens logent ensemble, dans une ou plusieurs chambres.

Le vaguemestre loge toujours seul.

Les maîtres-ouvriers logent dans leurs ateliers, leurs ouvriers à proximité d'eux.

Un emplacement spécial est destiné aux tables des sous-officiers.

État des lieux; réception des fournitures de couchage.

318. L'officier de casernement constate avec le garde du génie, avant l'occupation, l'état du quartier que le régiment doit occuper; il signe l'état des lieux, ainsi que le major.

La réception des fournitures de couchage a lieu à l'arrivée du régiment; les officiers de semaine y assistent; les fournitures sont examinées avec le plus grand soin; tout ce qu'elles ont de défectueux est constaté par écrit. S'il s'élève des contestations, le major les soumet au sous-intendant militaire.

État, par compagnie, des objets de casernement.

319. L'officier de casernement fait dresser par les fourriers l'état de ce que contiennent les chambres de leur compagnie; ces états sont vérifiés et arrêtés par les capitaines.

Changement des draps de lit.

323. L'officier de casernement fait changer les draps de lit tous les vingt jours en été, et tous les mois en hiver.

Il est donné des draps blancs à tout homme arrivant au régiment; les draps d'un homme qui s'absente sont retirés.

Remise du casernement au départ.

325. Lorsque le régiment doit quitter la garnison, l'officier de casernement, la veille du départ, dès le

matin, fait rendre par les fourriers les fournitures de lits. Les capitaines, ou, à leur défaut, les officiers de semaine, assistent à cette remise.

Les chambres, les corridors, les escaliers et les cours du quartier sont mis dans le plus grand état de propreté; faute de quoi les frais de balayage qui en résultent sont au compte des compagnies.

Le lendemain, dès que le régiment est assemblé, l'officier de casernement procède, avec le garde du génie, et en présence des sergents-majors, à l'estimation des dégradations provenant du fait de la troupe, qui n'ont pas été réparées. S'il y a des contestations, elles sont soumises par le major au sous-intendant militaire.

CHAPITRE XXXVIII.

TABLES.

Tables des sous-officiers.

327. Les adjudants et le sous-chef de musique vivent ensemble; il en est de même des sergents-majors.

Dans un bataillon détaché, l'adjudant peut vivre avec les sergents-majors.

Les sergents et les fourriers vivent ensemble par bataillon ou par demi-bataillon.

Les musiciens prennent leurs repas à une pension analogue à celle des sous-officiers; mais en raison du peu d'élévation de la prime de fonctions qui leur est allouée, le chef de corps peut autoriser ceux qui en font la demande à manger à l'ordinaire [1].

---

[1] Les musiciens doivent être traités, sous le rapport du chauffage pour la cuisson des aliments, comme les sous-officiers des corps auxquels ils appartiennent, et recevoir par conséquent les rations individuelles au taux fixé pour ces derniers. Ceux qui sont autorisés à manger à l'ordinaire n'y ont pas droit. (Décret du 5 octobre 1872.)

Le prix des pensions des sous-officiers est proportionné à leur solde, et réglé par le lieutenant-colonel.

En détachement, quand les sous-officiers ne peuvent vivre séparément, ils tirent leur subsistance de l'ordinaire des soldats, en y versant par jour 5 centimes de plus qu'eux; la soupe leur est mise à part.

Les adjudants surveillent et dirigent, sous les adjudants-majors, tout ce qui regarde les tables des sous-officiers; ils exigent que les dépenses en soient régulièrement payées. A cet effet, il est placé dans les pensions un cahier servant à recevoir, chaque jour de prêt, les quittances de ceux qui tiennent ces pensions; l'adjudant-major vise ce cahier tous les quinze jours au moins.

Repas de corps.

328. Les repas de corps sont généralement interdits; cependant, dans quelques circonstances rares, le colonel, avec l'approbation du général de brigade commandant, peut les autoriser; et dans ce cas ils ont lieu par grade.

CHAPITRE XXXIX.

DETTES DES SOUS-OFFICIERS, DES CAPORAUX ET DES SOLDATS.

Vigilance des officiers.

332. Les officiers, et surtout les capitaines, doivent employer une grande vigilance à empêcher les sous-officiers, les caporaux et les soldats de faire des dettes; ils punissent avec sévérité ceux qui en contractent. La suspension et même la cassation sont encourues par les sous-officiers et les caporaux en cas de récidive.

Créanciers sans recours sur la solde.

333. Il est interdit aux sous-officiers, aux caporaux et aux soldats de contracter, sous quelque prétexte que ce soit, aucun emprunt, dette ou engagement, et les créanciers sont sans recours légal sur leur solde. Lorsque le capitaine a autorisé la dette, il en est responsable; dans ce cas, il peut ordonner des retenues sur la solde des sous-officiers : il les fait alors vivre à l'ordinaire du soldat.

TITRE III.
ROUTES DANS L'INTÉRIEUR.

CHAPITRE XL.
ROUTES.

DISPOSITIONS PRÉLIMINAIRES.

**Livres et comptabilité des compagnies.
Contrôles et états pour la route.**

337. Les sergents-majors de chaque bataillon réunissent dans une caisse ou dans un ballot leurs registres et papiers de comptabilité : cette caisse est placée sur une des voitures qui marchent avec le bataillon.

Les effets des soldats qui ne peuvent être mis dans le sac et ceux qui appartiennent à la compagnie en général sont réunis dans un ballot étiqueté au numéro de la compagnie et déposé au magasin d'habillement.

Les sergents-major ne conservent qu'un cahier contenant le contrôle de la compagnie par sections, demi-sections, escouades et camarades de lit. Ils inscrivent sur ce cahier les mutations, les punitions, le prêt, les distributions et les effets délivrés aux hommes. Ils font préparer les états qui peuvent leur être demandés pendant la route, tels que feuilles d'appel et feuilles de prêt, états pour le logement, etc.

Chaussure.

338. Les capitaines passent une revue de la chaussure et y font faire les réparations nécessaires. Chaque homme doit être pourvu de deux paires de souliers.

Les souliers neufs ou nouvellement réparés doivent avoir été portés avant le départ.

Une caisse contenant des souliers et des guêtres est placée sur les équipages pour les besoins qui peuvent survenir pendant la route. Si les bataillons voyagent séparément, il en est remis à chaque chef de bataillon une certaine quantité proportionnée à la longueur de la route.

LOGEMENT.

Composition et départ du logement.

339. Le logement, composé de l'adjudant de semaine, des fourriers et d'un soldat au moins par compagnie, et la garde de police montante, partent une heure avant le régiment, sous les ordres d'un capitaine qui est commandé chaque jour pour ce service, et chargé des distributions.

Devoirs de l'adjudant.

341. L'adjudant distribue les billets de logement aux fourriers; il remet aux fourriers de la première compagnie de chaque bataillon ceux du chef, de l'adjudant-major et du médecin de leur bataillon; il remet au fourrier de la compagnie hors rang le billet du porte-drapeau.

Il reconnaît le logement du colonel, celui du lieutenant-colonel et l'emplacement le plus convenable pour les rassemblements.

Il établit un état sommaire du logement indiquant les rues occupées par les différentes compagnies, et le remet au colonel, ou au chef de bataillon si les bataillons voyagent séparément.

Il remet au corps de garde de police une note indiquant le logement des officiers de l'état-major, des médecins, des adjudants, du tambour-major et du vaguemestre.

Il va ensuite au-devant du corps jusqu'à la dernière halte, et le conduit sur la place.

Devoirs des fourriers.

342. Aussitôt que les fourriers ont reçu les billets de logement, ils inscrivent au dos les noms des hommes auxquels ils sont destinés, ayant soin de ne loger ensemble que des hommes d'une même escouade. Ils logent un tambour dans la même maison que le sergent-major ou près de lui.

Ils vont ensuite à la distribution du pain, et le font porter au centre du quartier que la compagnie doit occuper, puis ils vont reconnaître les logements de leurs officiers. Les fourriers désignés reconnaissent les logements du chef, de l'adjudant-major et du médecin de leur bataillon ; le fourrier de la compagnie hors rang reconnaît le logement du porte-drapeau.

Ils dressent un état général et sommaire du logement de la compagnie, portant l'indication des rues et des maisons, ainsi que celle du logement du capitaine et du sergent-major. Ce sous-officier le communique au capitaine ainsi qu'aux officiers qui veulent le consulter.

Les fourriers se rendent ensuite sur la place pour y attendre leur compagnie.

Il est défendu aux fourriers, sous peine de sus

pension ou de cassation, de faire avec les habitants aucun trafic de billets.

Malades, éclopp3s.

343. Les hommes malades ou éclopés qui ne sont point admis à monter sur les voitures partent en même temps que le logement; ils sont conduits au rendez-vous par les caporaux de semaine, et placés sous le commandement d'un sergent et d'un caporal désignés à cet effet; leur marche est réglée sur celle des plus faibles. Ceux qui sont dans l'impossibilité de porter leur fusil marchent avec les équipages.

A leur arrivée au gîte, ils se rendent sur la place, où les fourriers leur distribuent leurs billets de logement. Si, avant d'entrer en ville, ils sont rejoints par le régiment, ils marchent à sa suite.

A l'heure fixée, les malades et les éclopés sont visités et pansés au corps de garde de police. Le médecin désigne ceux qui doivent être admis sur les voitures le lendemain, ceux à qui il est permis d'y placer le sac, et ceux qui doivent partir en même temps que le logement. L'autorisation de monter sur les voitures ou d'y placer le sac est donnée par écrit. Les sergents de semaine se trouvent à cette visite pour prendre connaissance des décisions du médecin et en informer le capitaine. Le chef de bataillon de semaine y assiste autant que possible; le médecin-major en rend compte au lieutenant-colonel. Les caporaux font connaître le logement des hommes de leur escouade qui ne peuvent venir au corps de garde; un des médecins va les visiter.

Le colonel prend toutes les mesures nécessaires pour empêcher les soldats d'entrer pendant la route dans les hôpitaux militaires ou civils, à moins qu'ils n'y soient envoyés par les médecins du régiment. Il charge un officier de se présenter en son nom à l'autorité municipale des villes que le régiment traverse ou dans lesquelles il loge, de l'inviter à n'admettre dans les hospices que les militaires porteurs d'un billet signé d'un médecin du corps, et de lui donner les noms des hommes restés en arrière sans autorisation, afin que si ces hommes se présentent à elle, elle puisse en avertir la gendarmerie. A leur retour, ces hommes sont sévèrement punis.

Les mêmes précautions sont expressément recommandées aux commandants de détachement; s'ils n'ont pas de médecin avec eux, ils font visiter par un officier de santé civil, et en leur présence, les militaires qui demandent leur admission à l'hôpital.

DÉPART ET MARCHE.

Rassemblement.

344. Une heure et demie avant le départ, le tambour de la garde de police, aidé au besoin par un ou plusieurs tambours, bat *aux champs* dans les quartiers occupés par la troupe. A cette batterie, le logement et la garde montante se rassemblent sur la place, et partent dès qu'ils sont réunis; il en est de même des éclopés.

Une heure après, les tambours se réunissent sur la place; le tambour-major en fait l'appel, et les envoie battre *le rappel*.

Au rappel, les compagnies se rassemblent promptement au lieu où elles ont rompu la veille; le sergent-major fait l'appel; s'il manque quelqu'un, il envoie le caporal d'escouade au logement de l'absent; si on ne l'y trouve pas, il remet son nom à l'officier de garde; si l'on soupçonne qu'il a déserté, il en est donné avis sur-le-champ au commandant de la gendarmerie, et le signalement est envoyé aussitôt que possible. Le sergent-major rend l'appel à l'adjudant-major.

En cas de réunion ou de départ imprévu, **soit de jour**, soit de nuit, on bat *la marche particulière du régiment* ; les compagnies se réunissent sur-le-champ avec armes et bagages, et se rendent au rassemblement général.

Garde descendante.

345. **Lors du rassemblement du régiment**, l'officier de garde fait conduire à leurs compagnies les hommes punis de la salle de police et de la prison.

Une partie de la garde descendante, sous le commandement du sergent, prend sous son escorte les sous-officiers punis de la prison, et les caporaux et les soldats punis de la cellule de correction, et marche avec eux, entre le premier et le deuxième bataillon ; s'il n'y a qu'un bataillon, cette garde marche après la première division ; elle a toujours le sabre-baïonnette au canon ; elle reçoit les hommes qui, pendant la marche, sont punis de la cellule de correction, et les sous-officiers qui sont punis de la prison ; à la dernière halte, elle se place à la gauche du régiment, et, à son arrivée, elle remet les prisonniers au corps de garde de police.

L'autre partie de la garde, sous les ordres du caporal, est chargée de l'escorte des équipages, lorsqu'il s'agit d'un bataillon voyageant séparément. Si le régiment marche réuni, elle rentre dans les compagnies.

Départ.

346. **Le régiment se met en marche en bon ordre**, et, autant que possible, en colonne ; les tambours et la musique battent et jouent alternativement. Lorsque le régiment est hors du lieu où il a couché, les tambours et la musique cessent. Le colonel fait prendre le pas de route et marcher par le flanc sur deux rangs, les files doublées, chaque rang sur un des côtés de la route, dont le milieu doit rester libre.

Le capitaine et le sergent-major marchent entre les rangs, afin de surveiller toute la compagnie ; le sous-lieutenant conduit le premier rang, le sous-officier de remplacement le second ; le lieutenant marche à la gauche du premier rang, le sergent de la quatrième demi-section à la gauche du second ; les sergents de la deuxième et de la troisième demi-section marchent entre la première et la deuxième section, au premier et au second rang.

Tête de colonne, avant-garde.

347. Le régiment marche alternativement la droite ou la gauche en tête ; il se reforme toujours la droite en tête pour entrer au gîte.

La compagnie hors rang marche entre les deux derniers pelotons du bataillon qui voyage avec l'état-major, ou du dernier bataillon, si le régiment marche réuni.

Le bataillon qui est en tête fournit l'avant-garde ; elle est composée des sapeurs et d'une section ou demi-section ; elle marche à trois cents pas en avant du régiment, et ne laisse passer en avant aucun sous-officier ou soldat. A la dernière halte, elle reprend sa place dans la colonne.

Ordre pendant la marche.

348. On commence toujours la route d'un pas modéré ; on en augmente progressivement la vitesse, lorsque l'ordre de marche est bien établi et que le soldat est en haleine. Le chef de bataillon s'assure que l'officier ou le sous-officier qui marche en tête de la colonne a un pas bien réglé. Les officiers et les sous-officiers placés à la tête des compagnies cherchent à ne pas perdre leurs distances, sans s'astreindre scrupuleusement à avoir toujours la tête des deux rangs à la même hauteur ; quand les distances sont perdues, ils les reprennent insensiblement et sans à-coup.

8.

Les officiers et les sous-officiers veillent à ce que les soldats ne quittent pas leur rang sans permission, et à ce que, dans les mauvais pas, chacun suive l'homme qui le précède. S'il pleut, ils ont soin que les culasses mobiles des fusils soient enveloppées. Il y a toujours à la queue de la colonne un médecin chargé de visiter les hommes qui ne peuvent pas suivre.

Place et service des tambours et clairons.

349. Les tambours et les clairons marchent réunis à la tête de leur bataillon ; ils battent ou sonnent toutes les fois que le régiment passe dans une ville ou dans un village. L'un d'eux est toujours prêt à faire les batteries que le chef de bataillon ordonne, et à répéter celles qui viennent de la tête ou de la queue de la colonne.

Un tambour ou clairon est placé à la queue de la colonne, sous la direction d'un officier de la dernière compagnie, pour rappeler quand la gauche ne peut suivre en ordre, ou lorsque l'obscurité ou la difficulté des chemins produit de l'allongement dans la colonne.

Ces rappels sont répétés jusqu'à la tête du régiment, qui s'arrête alors. Dès que la queue a serré, le tambour bat *aux champs* ou le clairon sonne la marche ; cette batterie ou sonnerie est répétée jusqu'à la tête, qui se remet en marche.

Dans les marches de nuit, un sous-officier ou caporal est placé aux embranchements de route, et relevé successivement de bataillon en bataillon. Celui du dernier bataillon y reste jusqu'à l'arrivée des équipages.

Haltes.

350. Les haltes sont annoncées par un roulement que fait le tambour de la tête ; chaque compagnie serre sur celle qui la précède, sans changer sa formation, et se repose aussitôt. Les soldats ont soin de déposer leurs

fusils de manière qu'ils ne puissent ni se détériorer ni blesser quelqu'un. Lorsque la dernière compagnie a serré, le tambour placé à la queue répète le roulement. Le roulement n'est répété dans les autres bataillons que lorsqu'ils ont serré à leur distance du bataillon qui les précède.

Un nouveau roulement du tambour placé à la tête de la colonne indique qu'elle va se remettre en marche ; quelques reprises de la batterie *aux champs* annoncent son départ. Chaque compagnie se remet successivement en route, lorsque celle qui la précède a repris sa distance, et assez à temps pour la suivre immédiatement. Le tambour placé à la gauche bat *aux champs* lorsque la dernière compagnie part. Quand le service, à la tête ou à la queue de la colonne, est fait par des clairons, le roulement est remplacé par la sonnerie *garde à vous*, et la batterie *aux champs* par *la marche*.

Dans les premiers jours de route, les haltes sont plus fréquentes que lorsque le soldat est habitué à la marche ; elles se font toujours à quelque distance des villages ou des habitations.

La première halte a lieu trois quarts d'heure après le départ. Les soldats rectifient ce qui serait défectueux dans leur tenue.

La grande halte se fait à moitié chemin ; elle peut durer une heure et avoir lieu dans un village. Chaque compagnie se reforme successivement, prend sa place dans l'ordre de bataille ou dans la colonne serrée en masse, et forme les faisceaux. Elle ne rompt les rangs que sur l'ordre du chef de bataillon.

La dernière halte se fait à proximité du nouveau gîte : on y rétablit la tenue et l'on reforme les pelotons.

Lorsqu'un soldat a besoin de s'arrêter entre deux haltes, il en demande la permission à l'officier ou au sous-officier qui se trouve le plus près de lui ; il laisse son fusil à son camarade, et il est tenu de rejoindre promptement, sous peine de punition. S'il est indisposé, le capitaine charge un caporal de le conduire doucement jusqu'à l'étape, ou de le remettre aux équipages.

Rapports.

351. A la première halte, ou à la grande halte, l'adjudant-major fait battre pour le rapport général; les sergents-majors remettent à l'adjudant de leur bataillon les rapports particuliers de leurs compagnies: le lieutenant-colonel les reçoit et les présente au colonel, qui prononce immédiatement sur leur contenu. Ces rapports sont ensuite rendus aux adjudants.

A l'arrivée au gîte, chaque adjudant établit le rapport de son bataillon; l'adjudant de semaine réunit ces rapports et les remet au colonel. Les rapports particuliers des compagnies sont transmis au major par les adjudants; les pièces justificatives des mutations restent entre les mains des sergents-majors, et sont réunies à chaque séjour pour être transmises au major.

Dans un bataillon marchant séparément, le chef de bataillon reçoit le rapport de la même manière. A chaque séjour, il envoie au colonel un rapport sommaire contenant le relevé des rapports journaliers.

Arrière-garde.

353. L'arrière-garde se compose d'un caporal par compagnie et d'un sergent par division; elle est commandée par l'officier de la garde descendante. Cet officier fait arrêter tous les militaires qui sont rencontrés sans permission après le départ du corps. Si des hommes ont manqué à l'appel, il fait faire des patrouilles qui visitent avec célérité les divers quartiers de la ville et surtout les cabarets où ces hommes pourraient s'être arrêtés.

Il prend à la mairie le certificat de bien-vivre, et le remet, en arrivant, au lieutenant-colonel ou au chef de bataillon.

Pendant la marche, il se rapproche du régiment de manière à être à cinq cents pas en arrière de lui ; il fait rejoindre tous les hommes en état de marcher. S'il en est qui ne puissent pas suivre, il laisse avec eux un caporal pour les conduire doucement jusqu'à l'étape ou les remettre aux voitures. Il prend leurs noms et les donne au sergent de garde, afin que les billets de logement leur soient distribués en arrivant.

ARRIVÉE AU GÎTE.

Ordre donné.

354. A l'arrivée au gîte, lorsque le régiment est formé en bataille, le colonel fait battre à l'ordre ; le cercle se compose du colonel, du lieutenant-colonel, des chefs de bataillon, du major, des adjudants-majors, du médecin-major, des adjudants, du sous-chef de musique, des sergents-majors et du tambour-major. Dans un bataillon voyageant isolément, le médecin aide-major et le caporal-tambour remplacent le médecin-major et le tambour-major.

Les capitaines se rendent au cercle lorsque le colonel l'ordonne : dans ce cas, les sergents-majors se placent derrière eux.

L'ordre indique les distributions, la visite des malades et des éclopés, la tenue, le service à fournir, l'inspection et la visite de corps, s'il y a séjour, le lieu de rassemblement, l'heure de l'appel et du départ. L'adjudant fait connaître le logement du colonel, des officiers supérieurs et du médecin-major.

Pendant ce temps l'appel est fait dans les compagnies par les sergents de semaine ; les officiers de semaine le rendent à l'adjudant-major de semaine, qui en fait connaître le résultat au colonel.

L'ordre étant donné et le drapeau parti, le colonel fait rompre le régiment ; l'adjudant guide le détachement commandé pour conduire le drapeau au logement du colonel.

Compagnies conduites au logement.

355. Le fourrier conduit la compagnie au centre du quartier qu'elle doit occuper. Le capitaine la met en bataille, donne l'ordre, fait commander le service et distribuer le pain et les billets de logement ; il fait ensuite rompre les rangs.

Le fourrier remet au corps de garde de police les billets des hommes qui ne sont pas arrivés, ainsi que l'adresse du capitaine et celle du sergent-major.

Devoirs des tambours et clairons.

356. Toutes les batteries qui se font pendant la journée sont répétées par les tambours et les clairons de chaque compagnie, sous la responsabilité du sergent-major. Il en serait de même de la marche du régiment ou de la générale, si elle venait à être battue inopinément pendant la nuit.

Compagnies détachées.

357. Lorsque des compagnies sont détachées du gîte principal, le commandant de chaque cantonnement établit une garde de police ; à son départ, il prend un certificat de bien-vivre.

La compagnie hors rang loge toujours avec l'état-major.

Distributions.

358. Lorsque les distributions n'ont pas pu être faites avant l'arrivée de la troupe, chaque fourrier, aidé de son caporal de semaine, rassemble à la berloque les hommes de corvée de la compagnie à l'endroit où elle a rompu les rangs, et les conduit au rendez-vous indiqué.

Lorsqu'il n'y a qu'une seule distribution, les corvées se réunissent au lieu même où elle doit se faire.

Ordinaires et logements.

359. Les ordinaires se font dans les logements des caporaux ; ceux-ci sont responsables du bon ordre, de la tranquillité, du respect pour les propriétés et de la déférence que les militaires doivent aux habitants. Les hôtes ne sont tenus de fournir pour les ordinaires que la place au feu et à la chandelle, et les ustensiles nécessaires pour faire et manger la soupe.

Lorsque la soupe ne peut se faire par ordinaire, elle se fait dans chaque logement. Les officiers y veillent.

Il est dû pour deux caporaux ou soldats, et pour deux sergents, un lit garni d'une paillasse, d'un matelas ou lit de plume, d'une couverture de laine, d'un traversin et d'une paire de draps propres. Chaque adjudant, sergent-major, tambour-major et sous-chef de musique a droit à un lit.

Jamais les hôtes ne peuvent être déplacés du lit ni de la chambre qu'ils occupent habituellement.

Il est dû dans tous les logements place au feu et à la chandelle.

Les soldats doivent ne rien exiger de leurs hôtes, quand même ceux-ci refusent de leur donner ce qui leur est dû ; ils avertissent leur officier ou leur sergent de section, qui s'adresse à la mairie pour leur faire rendre justice.

Service des officiers de semaine.

360. En route, le service de semaine des lieutenants et des sous-lieutenants se borne aux appels et aux distributions ; chacun d'eux est chargé de tous les autres détails pour sa section.

Visites dans les logements.

361. Deux ou trois heures après l'arrivée, les officiers et sous-officiers visitent les logements, particulièrement ceux dans lesquels se font les ordinaires ; ils ent n'lent les réclamations des soldats et font droit aux plaintes des hôtes quand elles sont justes. Les officiers reçoivent les rapports des sous-officiers et rendent compte au capitaine le lendemain matin. Si des réclamations rendaient l'intervention du capitaine nécessaire, ils l'en informeraient sur-le-champ; le capitaine s'occuperait de suite de faire rendre justice aux militaires.

Les officiers et les sous-officiers de la section s'assurent que chaque jour les soldats s'occupent de la propreté de leurs armes et de l'entretien de leurs effets, particulièrement de leur chaussure.

Appels du soir.

362. L'appel du soir a lieu les jours de marche lorsque le colonel l'ordonne. Les compagnies se réunissent alors, soit à l'endroit où elles ont rompu les rangs, soit au lieu de rassemblement général. Si l'appel se fait dans le quartier de chaque compagnie, le sergent-major se rend immédiatement après au corps de garde, et en fait connaître par écrit le résultat au capitaine de semaine, qui le porte au colonel.

Retraite.

363. A l'heure prescrite, les tambours et les clairons se réunissent devant le drapeau pour battre la retraite; ils parcourent les lieux indiqués par l'adjudant, et se dispersent ensuite dans les quartiers occupés par leurs compagnies.

Dans une ville où il y a des troupes, deux tambours par bataillon se réunissent aux tambours et aux trompettes de la garnison pour battre la retraite.

Une demi-heure après la retraite, les caporaux et les soldats doivent être rentrés dans leurs logements.

Patrouilles après la retraite.

364. Dans les villes où il n'y a pas d'état-major de place, l'officier de garde fait faire, après la retraite,

des patrouilles pour faire rentrer à leurs logements les caporaux et les soldats qui sont encore dans les rues, et conduire au corps de garde ceux qui sont pris de vin ou qui font du bruit. Le lendemain, au réveil, il les renvoie à leurs logements, à moins qu'ils n'aient mérité une punition plus grave.

SÉJOURS.

Inspection.

365. Dès l'arrivée au gîte où le régiment doit avoir séjour, les commandants de compagnie prennent les dispositions nécessaires pour que la chaussure, l'habillement, l'armement et l'équipement soient réparés et mis dans le meilleur état de propreté.

Le matin il est fait un appel ; tous les officiers s'y trouvent. Il en est rendu compte au rapport général.

L'inspection du séjour se passe le soir, et habituellement en tenue de route ; elle tient lieu d'appel du soir.

Revue des malades et écloppés.

366. Le même jour, après l'appel du matin, le médecin-major passe au corps de garde la revue des malades et des écloppés, en présence des officiers et sergents de semaine ; il en fait connaître le résultat au rapport ; le soir il voit de nouveau les malades qui réclameraient ses soins. Il visite dans leurs logements ou fait visiter par ses aides ceux qui n'ont pu se rendre à la revue.

PUNITIONS.

Place des sous-officiers, des caporaux et des soldats.

368. Les sous-officiers punis de la salle de police,

les caporaux et les soldats punis de la salle de police et de la prison, marchent avec leurs compagnies; ils reprennent leur punition en arrivant au gîte; les capitaines donnent des ordres à cet égard.

Les sous-officiers punis de la prison, les caporaux et les soldats punis de la cellule de correction marchent avec la garde; en traversant les villes et les villages, ils portent l'arme sous le bras gauche.

Ceux qui sont prévenus de délits du ressort des tribunaux sont remis à la gendarmerie; en attendant, ils peuvent être attachés, si cette mesure est jugée nécessaire.

Pour des fautes légères, les sous-officiers, les caporaux et les soldats sont punis de la consigne à la garde de police jusqu'à la retraite, pendant une ou plusieurs journées de marche.

ÉQUIPAGES.

Ils sont sous les ordres du vaguemestre; par qui gardés.

369. Les équipages sont sous les ordres du vaguemestre. Leur garde est fournie par la compagnie hors rang et commandée par un officier de cette compagnie; elle charge et décharge les voitures.

Les domestiques des officiers et les cantiniers qui marchent avec les équipages doivent obéissance au vaguemestre.

Dans un bataillon voyageant séparément, les équipages sont aux ordres d'un sous-officier désigné par le chef de bataillon pour toute la route; la moitié de la garde descendante en forme l'escorte.

Chargement des voitures.

370. Une des voitures porte la caisse du régiment, celle du trésorier, les registres et pièces de la compta-

bilité courante, et la caisse de chirurgie : cette voiture marche toujours la première.

Les autres voitures sont destinées au transport des sous-officiers, caporaux et soldats malades ou éclopés ; à celui des sacs des hommes autorisés à les déposer aux voitures, de la caisse contenant la comptabilité des sergents-majors de chaque bataillon, et des portemanteaux des officiers, dont le poids, pour chaque officier, ne doit pas excéder 3o kilogrammes.

Les armes ne sont placées sur la voiture que lorsqu'il y a impossibilité de les faire porter par les hommes ; elles sont alors enfermées dans les caisses d'armes réservées pour cet usage.

Le nom des officiers est écrit sur leurs portemanteaux ; les autres effets ne sont reçus que sur une note signée du capitaine de la compagnie ; ils doivent être étiquetés, solidement fermés et enregistrés.

Malades ; enfants de troupe.

371. Aucun sous-officier, caporal ou soldat n'est admis sur les voitures sans un certificat d'un des médecins.

Les enfants de troupe peuvent être autorisés à marcher avec les équipages ; ils montent sur les voitures lorsqu'ils ne sont pas en âge de faire la route à pied.

Départ, marche et arrivée.

372. Les équipages sont, autant que possible, chargés dès la veille ; ils partent au plus tard une demi-heure après le régiment ; ils marchent de manière à s'en rapprocher, mais ne le dépassent jamais.

Le vaguemestre y maintient le plus grand ordre pendant la marche. Il ne permet à aucun homme de leur garde de s'en éloigner. Il recueille les hommes qui ne peuvent pas suivre, fait placer leurs sacs sur les voitures, et les y fait monter lorsqu'ils sont hors d'état de marcher ; le médecin les visite lorsqu'il est présent.

A l'arrivée au gite, la garde des équipages dépose les bagages dans le local reconnu par l'officier de garde. Il y est placé une sentinelle tirée de la garde de police.

Les portemanteaux des officiers leur sont remis chaque jour à l'heure fixée; les officiers les renvoient à la retraite.

Les bagages de la troupe ne sont remis que dans les séjours.

CHAPITRE XLI.

DÉTACHEMENTS.

Autorité du chef d'un détachement.

374. Tout commandant de détachement est responsable du bon ordre dans les marches, les garnisons ou les cantonnements. Il est également responsable, quel que soit son grade, du service, de la police, de la discipline et de l'instruction de son détachement; il se conforme, à cet égard, aux règles établies au régiment.

Il observe scrupuleusement les instructions qui lui ont été données; si les circonstances l'obligent à s'en écarter, il en rend compte sur-le-champ au colonel.

Ordres et pièces de comptabilité.

375. Le commandant d'un détachement doit être muni d'un ordre de départ, d'une instruction par écrit sur l'objet et le service de son détachement, et d'une feuille de route.

Il reçoit une instruction détaillée sur la comptabilité qu'il doit tenir, une commission de vaguemestre ainsi que les états et les pièces prescrits par les règlements d'administration.

Comptes à rendre; mutations.

376. Le chef d'un détachement adresse au colonel, aux époques qui lui sont prescrites, un rapport détaillé sur le service et la discipline du détachement; il envoie au major l'état des mutations par l'intermédiaire du sous-intendant militaire chargé de la surveillance administrative de son détachement. Ces rapports ne le dispensent pas de rendre immédiatement compte au colonel de tout événement important ou imprévu.

Retour au régiment.

377. Lorsque le détachement rejoint le régiment, il est, à son arrivée et selon sa composition et le grade de celui qui le commande, inspecté par le colonel, le lieutenant-colonel, un chef de bataillon ou un adjudant-major.

Le commandant du détachement remet au lieutenant-colonel les certificats de bien-vivre qui lui ont été délivrés pendant la route.

Il règle, sans délai, avec le trésorier et l'officier d'habillement, les comptes de son détachement.

CHAPITRE XLII.

ESCORTES.

Escorte d'honneur.

378. Le commandant d'une escorte doit présenter et maintenir sa troupe dans le meilleur ordre et la meilleure tenue.

Si c'est une escorte d'honneur, il va, en arrivant, prendre les ordres de la personne qu'il doit accompagner. Son service fini, il ne se retire qu'après avoir pris les ordres de cette personne.

Escorte d'un convoi.

379. Quand une escorte est chargée de la garde et de la conservation d'un convoi, le commandant se fait précéder par une avant-garde pour reconnaître à temps les obstacles, faire débarrasser la route et reconnaître les terrains propres aux haltes. Il a une arrière-garde, et, au besoin, des flanqueurs.

En plaine, le gros de la troupe marche habituellement sur les côtés de la route, à la hauteur du centre du convoi; dans les défilés, il marche, soit à la tête, soit à la queue.

La tête du convoi doit marcher d'un pas uniforme et plutôt lent qu'accéléré.

Si le convoi est considérable, il est partagé en plusieurs divisions.

Les voitures marchent sur deux files, toutes les fois que la largeur de la route le permet.

Si une voiture se casse, elle est retirée hors de la route; quand elle est réparée, elle prend la queue du convoi; si elle ne peut être réparée promptement, il est laissé pour sa garde un nombre d'hommes suffisant.

Le commandant fait faire des haltes d'heure en heure pendant quelques instants, pour faire reprendre haleine aux chevaux et donner aux dernières voitures le temps de serrer à leur distance.

Il n'est fait de grandes haltes que très-rarement et dans des lieux reconnus à l'avance.

Escorte des prisonniers.

380. Le commandant d'une escorte de prisonniers fait charger les armes en leur présence, avant de se mettre en route.

Il divise sa troupe en deux parties principales : l'une marche de front à la tête, l'autre ferme la marche de la même manière. Le reste est réparti sur les flancs de distance en distance, tant pour éclairer la route que pour ressaisir au besoin les fuyards.

Le détachement marche d'un pas modéré : les haltes sont fréquentes, mais courtes; elles ont toujours lieu dans des endroits découverts.

Pendant les haltes, le commandant de l'escorte redouble de surveillance; jamais il ne perd de vue envers les prisonniers les égards dus au malheur, mais il se refuse à toute condescendance contraire à son devoir.

Si, à l'arrivée au gîte, les prisonniers doivent passer la nuit dans la prison du lieu, il se fait donner un reçu; s'ils doivent rester sous sa garde, il prend les précautions et donne les consignes nécessaires pour prévenir les évasions. Il veille, dans tous les cas, à ce qu'ils reçoivent ce qui leur est alloué par les règlements; il en est responsable. Il empêche qu'ils ne soient rançonnés sur le prix des objets qu'ils peuvent avoir à faire acheter.

Arrivé à sa destination, il prend de qui de droit un reçu des prisonniers.

Dispositions du chapitre des « Détachements » communes aux escortes.

381. Les escortes se conforment, en tout ce qui leur est applicable, aux dispositions prescrites pour les détachements.

TABLE DES MATIÈRES.

Pages.

CHAPITRE IX.

MÉDECIN-MAJOR ET MÉDECINS AIDES-MAJORS.

CHAPITRE X.

CAPITAINE.

SERVICE DE SEMAINE.

Distributions.

CHAPITRE XIV.

SERGENT-MAJOR.

CHAPITRE XV.

SERGENTS.

Sergent de section.

CHAPITRE XVI.
FOURRIER.

CHAPITRE XVII.
CAPORAUX.

Caporal de chambrée.

CHAPITRE XVIII.

MILITAIRES DE PREMIÈRE CLASSE.

CHAPITRE XIX.

TAMBOURS, CLAIRONS ET MUSICIENS.

CHAPITRE XX.
COMPAGNIE HORS RANG.

CHAPITRE XXI.
VAGUEMESTRE.

TITRE II.
DEVOIRS GÉNÉRAUX ET COMMUNS AUX DIVERS GRADES.

CHAPITRE XXII.

CHAPITRE XXIII.
MARQUES EXTÉRIEURES DE RESPECT.

CHAPITRE XXXIII.

PUNITIONS.

Punitions des sous-officiers.

Punitions des caporaux et des soldats.

*Suspension, rétrogradation et cassation des sous-offi-
ciers et des caporaux. Formes pour faire descendre
à la deuxième classe les sous-officiers, caporaux et
soldats, sous-chef de musique et musiciens.*

Pages.

TITRE III.
ROUTES DANS L'INTÉRIEUR.

CHAPITRE XI.
ROUTES.

CHAPITRE XLI.

DÉTACHEMENTS.

CHAPITRE XLII.

ESCORTES.